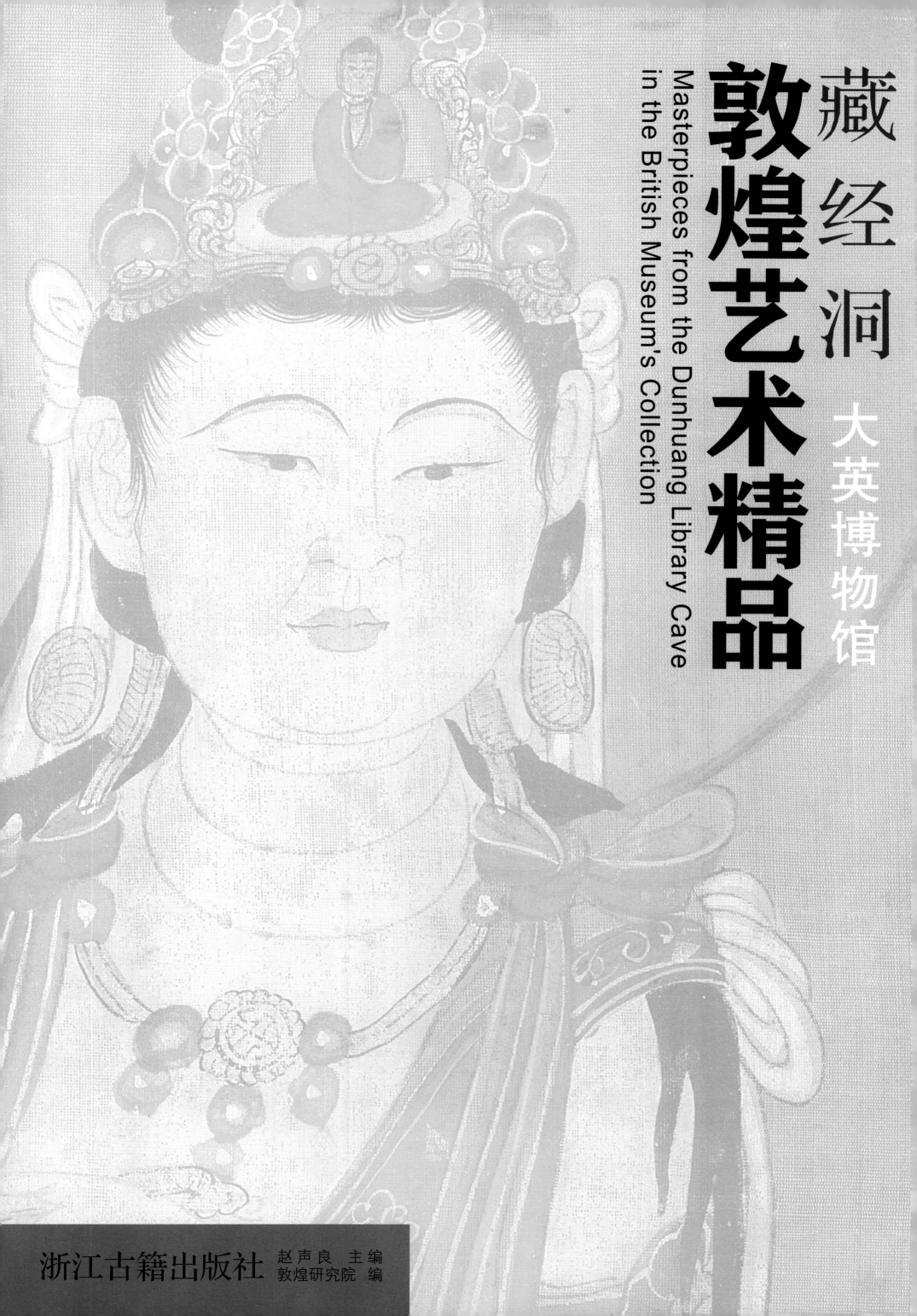

藏经洞

大英博物馆

敦煌艺术精品

Masterpieces from the Dunhuang Library Cave
in the British Museum's Collection

浙江古籍出版社　　赵声良　主编
敦煌研究院　编

序

樊锦诗

公元前 3 世纪至公元 10 世纪初，此时海运尚不发达，敦煌及其河西走廊成为陆上中国通向欧亚的主要干道，也就是 18 世纪后所称的"丝绸之路"。史书称敦煌位于古丝绸之路上的"咽喉之地"，因敦煌处于丝绸之路上的战略要地，它既是东西方贸易的中转站，也是宗教文化和知识的交汇处。丝绸之路上东西文化持续千年的交流，孕育了历史悠久、规模宏大、内容丰富、艺术精美的敦煌莫高窟瑰宝，以及方面异常广泛，内容无限丰富的藏经洞出土的宗教典籍、中国四部书、公私文书、非汉文文献、绘画艺术品的硕果。以莫高窟为代表的敦煌石窟群和敦煌藏经洞出土文物，成为 20 世纪以来中外学者了解和研究中古时期中外文化艺术极其重要的资料，产生了世界显学敦煌学。

如果说以莫高窟为代表的敦煌石窟群有约 5 万平方米的壁画，是敦煌艺术的主体，那么藏经洞出土的 1700 余件绘画艺术品，亦是不可或缺的重要艺术品。这些敦煌画艺术品，是唐、五代、宋时期的作品，画的内容与敦煌壁画基本接近，画的载体有丝织物绢、麻布、纸等，且画的载体不同，所用技法也与壁画不同。敦煌画艺术品有绢画、刺绣、麻布画、纸画，有雕版刻印的画，有拓印的画，有用夹缬、蜡缬印染的画，有白画（白描画）等。这些画反映了这一时期中国绘画存有与壁画不同的绘画艺术品，对于我们认识唐宋绘画艺术史的演变发展具有不可估量的价值。

由于历史的原因，敦煌藏经洞发现之后，数万件文物流失海外，分别散藏于英、法、俄、印等国的博物馆。特别是其中的绘画艺术品，国内所存无几。一百多年来，随着敦煌学研究的不断深入和敦煌文化艺术的持续弘扬，敦煌文化艺术已经家喻户晓，也使藏经洞出土的绘画艺术品逐渐引起人们的关注。因此，调查研究海外收藏的敦煌藏经洞的敦煌画艺术作品，通过出版物进行介绍，成为我们的迫切愿望。

习近平总书记在敦煌研究院座谈时发表重要讲话，指出："要通过数字化、信息化等高技术手段，推动流散海外的敦煌遗书等文物的数字化回归，实现敦煌文化艺术资源在全球范围内的数字化共享。"

这次浙江古籍出版社与敦煌研究院合作，首次将英藏敦煌藏经洞的敦煌画精品整理出版，可以说是践行习近平总书记指示精神的重要举措。本书选取了大英博物馆所藏敦煌画最具代表性的作品 103 幅，以高清图片印刷出版，使读者不仅可以了解每一幅作品的基本内容，还可以欣赏到绘画的细部技法和色彩。本书由敦煌研究院专家撰文做全面介绍，对每一幅作品也有详细的解说，希望能给国内外读者提供一个欣赏和参考的资料，从而认识和了解唐、五代、宋时期中国精美而独特的绘画艺术，体会中华传统艺术的巨大魅力。

2024 年 2 月

英藏敦煌画艺术

赵声良

图 1 敦煌莫高窟外景

图 2 1907 年斯坦因拍摄藏经洞发现时的状况（右侧小门为藏经洞）

图 3 1908 年伯希和在藏经洞内翻检文书

敦煌石窟是保存至今规模最大，延续时间最长，内容最丰富的佛教文化遗迹（图 1）。敦煌藏经洞还出土了大量的文物，包括古代文献和艺术品，敦煌石窟和藏经洞文物全方位地展示了丝绸之路中外文化交流在敦煌的结晶，是人类文化的瑰宝。从艺术方面来看，藏经洞出土艺术品与敦煌石窟壁画相互辉映，反映了中古时期中国绘画的重要成就。本文以大英博物馆所藏敦煌藏经洞绘画为中心，简要谈谈敦煌画艺术的内容和特色。

一、藏经洞的发现及文物的流失

莫高窟在明朝至清初被荒废了数百年。清朝末期，一个叫王圆篆的道士来到敦煌，住在莫高窟前的下寺。王道士常常雇人为洞窟清扫沙土，或对一些残破的佛像进行修复。清光绪二十六年五月二十六日（即 1900 年 6 月 22 日）这一天，王道士发现了一个被封闭数百年的小洞窟，里面堆放着成千上万的古代写卷和其他文物。这个洞窟就是后来编为 17 号的洞窟，也被称为藏经洞（图 2）。藏经洞的发现可以说是近代文化史上极为重要的发现，可惜这个时代正是国运衰微的清末期，虽然王道士在第一时间向敦煌县政府报告了，但并没有引起重视，地方政府没有采取任何有效措施对藏经洞文物进行保护，任由王道士支配。

1907 年，英籍匈牙利人斯坦因（Marc Aurel Stein, 1862~1943）来到了敦煌。这是他第二次到中国西部一带探险。斯坦因于 1906 年 8 月从印度出发到了我国新疆的和阗、楼兰等地进行挖掘，盗走了大量文物。他于 1907 年 3 月到达敦煌。跟王道士经过一段时间的交涉，最后斯坦因用 400 两银子从王道士手中得到 24 箱古代经卷文书，5 箱绘画、刺绣及其他工艺品。斯坦因回到欧洲之后，法国人伯希和（Paul Pelliot, 1878~1945）于 1908 年也来到敦煌（图 3），通过与王道士交易，得到 7000 多件文书和 400 多件绢画等艺术品。

1909 年，中国学者罗振玉、王国维等得知敦煌藏经洞文物外流的事，他们呼吁清政府把剩余的文书收归国有。1910 年，清廷学部电令甘肃政府把敦煌所剩经卷全部押送入京，于是藏经洞所剩文献最后送到京师图书馆保存。

1911 年 10 月，日本大谷探险队的吉川小一郎在敦煌一带活动，收集到了藏经洞出土的数百件文献，此外还掠走了莫高窟的两身精美彩塑。斯坦因也于 1914 年第二次来到敦煌，再次从王道士那里得到了 5 大箱文书。1914 年俄国鄂登堡（Sergei Fedorovich Oldenburg, 1863~1934）探险队在敦煌停留了半年多时间，绘制了 400 多张洞窟的平面图，记录了 177 个洞窟，拍摄了 2000 多张照片，并盗走壁画、彩塑和布画、绢画、丝织品等美术品 300 多件，还通过各种手段获得大量敦煌写经，现藏俄国的敦煌经卷近 2 万件。

过去发表的论著对藏经洞出土物的统计一般是说有 5 万余件。随着敦煌学研究的不断展开，国内外各地收藏的藏经洞出土物也逐渐为世人所知，据最新的调查，藏经洞出土文物，包括文献和纺织品等，总数超过了 7 万件。

斯坦因是来到藏经洞的第一个外国盗宝者，他先后从藏经洞掠走的文物中，敦煌文献总计有 17000 多件；另有其他文物 1000 多件，这些文物主要包括绘画品、丝织品、版画等。斯坦因掠走的文物分藏于大英博物馆、大英图书馆、维多利亚和阿尔伯特博物馆、印度新德里国家博物馆中。

20 世纪初，随着敦煌藏经洞文物流失海外，国内外不少学者逐渐重视，并开始对这些文物进行研究，因而兴起了一门国际性的学科——敦煌学。敦煌学至今仍是国际汉学界关注的热点。在敦煌学最初的时期，国内外学者们的关注点主要还是对敦煌文献的研究，因为是新发现的资料，在中外历史、文化方面有很多十分珍贵的资料，引起研究者的重视。而对于艺术品的研究，则相对较晚一点。

二、敦煌画的调查与研究

斯坦因和伯希和从敦煌藏经洞获取的大量文物，包括有相当数量的艺术品，主要是绢本、布本、纸本的绘画、幡画、刺绣等。在 20 世纪 20 年代，斯坦因曾将敦煌获取的部分绢画出版成图录，伯希和则将他们在莫高窟拍摄的照片编成《敦煌石窟图录》出版（但不包括藏经洞的绢画）。虽然出版了资料，但从研究方面来看，似乎没有多少成果。直到 1937 年日本学者松本荣一著《敦煌画研究》的出版[1]，才算是有了较为系统、全面的研究成果。

图 4 松本荣一著《敦煌画研究》日文版

松本荣一（1900~1984），1923 年毕业于东京帝国大学文学部美学美术史学科，1928 年 5 月~1929 年 6 月到欧洲调查研究斯坦因、伯希和、勒柯克（Albert von Le Coq，1860~1930）收集品。1930 年任东方文化学院东京研究所研究员，他陆续发表了关于敦煌绘画图像内容、时代特征等方面的研究成果。1937 年他出版了《敦煌画研究》一书（图 4、5），1939 年他以此书作为博士论文通过了答辩，并获文学博士学位。1942 年他又以此书获"日本学士院恩赐赏"。松本荣一历任东京帝国大学副教授、美术研究所所长、东京艺术大学教授。

《敦煌画研究》运用图像学的方法，对敦煌壁画以及藏经洞出土的绢画内容进行了深入的考证，涉及敦煌画中的各种经变画、佛传及本生故事画、尊像画（包括瑞像画）、罗汉及高僧像、密教图像等方面内容，通过探寻其佛经依据，分析其表现形式，辨别其图像源流，可以说对敦煌图像考释具有开创性的意义。至今学术界对于敦煌壁画大部分内容的定名都可以追溯至松本荣一的著作。松本荣一终其一生没有到过敦煌莫高窟，因此，他的研究更多地依靠英、法所藏的敦煌绢画和伯希和的图录。他对佛教绘画所具备的深入观察力，还得益于他对日本古代寺院壁画和日本传世佛画作品研究的深厚功底。

图 5 松本荣一著《敦煌画研究》中文版

20 世纪 40 年代，国内越来越多的学者开始关注敦煌石窟本体，特别是 1944 年国立敦煌艺术研究所成立后，开始了对石窟的全面调查与研究。此后，敦煌石窟的研究不断深入展开，80 年代以后，在中国改革开放的形势下，敦煌学研究得到快速发展，敦煌文物研究所（原国立敦煌艺术研究所）也扩建为敦煌研究院。驻守在敦煌的研究者经过几十年的研究，发表了一系列敦煌石窟考古和艺术研究的成果，格外引人注目。特别是诸多壁画内容的考释和时代风格鉴定的成果，对于藏经洞出土绢画的研究来说，起到了直接的参考作用。而在相当长的时期内，国外学者由于没有条件直接调查敦煌石窟，他们往往参考中国学者在石窟研究方面的成果，对藏于欧洲的敦煌绢画进行了深入的调查研究。1982 年日本讲谈社出版了大型图录性著作《西域美术——大英博物馆藏斯坦因收集品》[2]，此书由韦陀（Roderick Whitfield）教授主编，共分三册，第 1、2 册主要刊布斯坦因从敦煌藏经洞掠走的绘画品、刺绣及各类纺织品，第 3 册刊布斯坦因从敦煌及新疆地区掠走的绘画、雕塑及其他文物。每一册前面均有一篇专论，第 1 册为《关于斯坦因收集品》，介绍了斯坦因在中国新疆和敦煌一带活动之事。第 2 册为《关于敦煌绘画》，主要阐述了作者对敦煌绢画的主要内容和风格特点的看法，也体现他对绢画的诸多研究成果；他把英藏的敦煌绘画分为四个阶段：初唐期（7~8 世纪初）、盛唐期（8 世纪）、吐蕃期（781~847）、五代北宋期（10 世纪），并对各阶段的特点及重要作品进行了分析。第 3 册为《关于本册收录的遗物和遗迹》，主要介绍该册收录的新疆一带文物发现的情况。韦陀先生曾在普林斯顿大学跟随方闻教授学习中国艺术史，并获得博士学位，1984 年起任伦敦大学亚非学院教授。他对中国陶瓷有过深入研究，但其主要成果还是在敦煌艺术研究方面，著有《千佛洞——丝绸之路上的中国艺术》等。他长期研究大英博物馆所藏的敦煌绘画，可以说是欧洲学者中最了解敦煌艺术的研究者。

在继《西域美术——大英博物馆藏斯坦因收集品》出版之后，讲谈社于 1994 年、1995 年先后出版了《西域美术——吉美博物馆藏伯希和收集品》2 册[3]，主要刊布了吉美博物馆所藏的敦煌绘画作品。此书由日本学者秋山光和（1918~2009）与法国学者雅克·吉耶斯（Jacques Giès，1950~2021）共同主编。这两册图录各刊布了数篇论文，上册刊布了秋山光和《伯希和的中亚调查与敦煌画的收集》、秋山光和《敦煌画的样式与变迁》、吉耶斯《8 世纪中叶至 11 世纪初敦煌画的技法与表现（1）》、吉耶斯《新发现大幅绘画〈华严经变七处九会〉与〈华严经变十地品〉》；下册刊布了吉耶斯《8 世纪中叶至 11 世纪初敦煌画的技法与表现（2）》、克里希娜·里布（Krishnā Riboud）《敦煌的丝织品》、吉耶斯《伯希和探险队收集品所见的中亚遗迹和遗物》。比起《西域美术——大英博物馆藏斯坦因收集品》来，《西域美术——吉美博物馆藏伯希和收集品》在研究方面更为细致和全面，特别是对敦煌绢画的样式和变迁的探讨更为深入。秋山光和是日本著名的美术史专家，曾先后任职于金泽美术工艺大学、东京国立文化

[1]〔日〕松本荣一《敦煌画研究》，东方文化学院东京研究所，1937 年。中文版《敦煌画研究》林保尧、赵声良、李梅译，敦煌研究院编，杭州：浙江大学出版社，2019 年。

[2]〔英〕韦陀主编《西域美术——大英博物馆藏斯坦因收集品》（共 3 册），东京：讲谈社，1982~1984 年。

[3]〔法〕雅克·吉耶斯、〔日〕秋山光和主编《西域美术——吉美博物馆藏伯希和收集品》（共 2 册），东京：讲谈社，1994~1995 年。

图 6 菩萨像幡和金刚力士像幡

图 7 莫高窟初唐第 329 窟东壁女供养人像

财研究所，1968 年任东京大学教授，在日本美术史和中国美术史方面都有较多著述。著作《平安时代的世俗画研究》获日本学士院奖；参与编纂《世界美术大系》中国部分。秋山光和从 20 世纪 60 年代开始就研究敦煌艺术，发表有关论文数十篇。他花了数年时间在吉美博物馆潜心研究敦煌绢画，并吸取了敦煌石窟研究中的最新成果，不仅在此书刊布的论文中有很多精辟的分析，而且对每一幅作品所写的说明，都倾注了他的深入研究。雅克·吉耶斯是法国艺术家、汉学家，长期在吉美博物馆工作，曾任馆长。另一位作者克里希娜·里布也是长期在吉美博物馆工作的学者，对纺织品有着深入的研究。

国内学者由于各种条件限制，对藏经洞出土的绘画、刺绣等艺术品的研究相对较晚，但进入 21 世纪后，中国学者对国外所藏敦煌文物开始系统而深入的调查研究。其中取得成果最丰富的就是赵丰先生对敦煌丝绸的调查研究。赵丰的团队用了数年时间对法国、英国、俄罗斯以及国内各地所藏的敦煌丝织品进行了全面的调查，分别完成了《敦煌丝绸艺术全集》法藏卷、英藏卷和俄藏卷[4]。此后又对国内收藏品进行调查，完成了《敦煌丝绸艺术全集》国内藏部分的调查和刊布，这项工作不仅对敦煌丝绸，而且对于中国丝绸史、纺织史的研究都可称得上是重大的成果。同时，赵丰先生著作《敦煌丝绸与丝绸之路》[5] 以敦煌出土的自北魏到元代以纺织纤维为材质的文物（包括幡、经帙等）为主要研究对象，从历史的、纺织科学技术的、艺术的层面，对敦煌丝绸进行了综合的研究。附录"敦煌丝织品总表"和"敦煌文书中的丝绸记载"提供了大量的古代丝绸信息。

三、敦煌画的内容与艺术

藏经洞里出土的敦煌画，作为佛教绘画，最初都与寺院的佛事活动密切相关。我们根据其用途大体可以分为如下几类：

（1）张挂在寺院内或某些佛事活动的场地，用于礼拜或特别的佛事活动的绘画。其作用大体跟寺院或石窟中的壁画相似，这类绘画主要有画幅较大的说法图、经变画，以及单独的尊像画等。这些绘画都由供养人出资绘制，作为功德送到寺院，通常会有文字记录（功德记）和供养者的题名等内容。（2）画幡，在佛事活动时可以用幡杆支撑起来悬挂在佛坛的两侧，或者寺院等特定场所。幡画有特定的制作方法，通常上部有幡头、三角形幡面，两侧有幡手装饰，中间为幡身，下部有长条形的幡足垂下。一个幡往往要用多种面料缝制而成，幡身主要部分多为绢绘，边缘则多用绫或其他材料装饰。藏经洞出土的幡画有一些保存十分完整，包括幡头、幡面、幡身、幡手和幡足。斯坦因收集品中有较完整的幡，如菩萨像幡（Ch.0025）和金刚力士像幡（Ch.004），全长分别为 172.5 厘米和 187.5 厘米（图 6）。法国藏的幡，最长者达 8 米。幡画的主题较单纯，通常以菩萨、天王、飞天较多，也有用佛传故事画为幡者。虽然画幡也是供养人所献的功德，但并不一定会写出供养者的姓名。（3）佛经的插图，这类绘画纸本较多，往往是上部绘图，下部抄写佛经（或者变文）文字；或仅作为画卷，描绘相关内容，如《十王经》等；有的是正面绘图，背面写文字，如劳度叉斗圣变等。除以上三类外，还有一类作品，为印本佛画，可以看作是古代的版画作品。还有一些白描画，可能是画稿，或者学画的练习。

下面主要以英藏斯坦因收集品为中心谈敦煌画的内容和风格特点，从绘画的角度，大体上按以下几个方面来叙述：说法图、经变画；佛像、佛传；菩萨像；天王、力士、高僧；曼荼罗及其他。

（一）说法图、经变画

藏经洞出土的绢画中，大英博物馆收藏的《树下说法图》（Ch.liii.001，本书图版 2）是全部敦煌绢画中时代最早的。这一点目前在学术界没有异议。韦陀教授注意到这幅画中采用了典型的凹凸法晕染，同时，供养人体现出初唐的服饰特点等，因而把时代定为 8 世纪初。与莫高窟初唐的洞窟相比，如佛身后树的画法、菩提宝盖及莲花座的卷草纹装饰等，都是初唐时期流行的。此图中供养人形象也是有关时代的重要标志，这幅《树下说法图》左下部的女供养人，上身穿窄袖衫，下身着间色长裙，这是初唐妇女流行的服装。与莫高窟初唐第 329 窟东壁画的女供养人像不论其服饰还是跪姿都完全一致（图 7）。按樊锦诗、刘玉权先生对莫高窟唐前期

[4] 赵丰主编《敦煌丝绸艺术全集·英藏卷》，上海：东华大学出版社，2007 年；赵丰主编《敦煌丝绸艺术全集·法藏卷》，上海：东华大学出版社，2010 年；赵丰主编《敦煌丝绸艺术全集·俄藏卷》，上海：东华大学出版社，2014 年。
[5] 赵丰《敦煌丝绸与丝绸之路》，北京：中华书局，2009 年。

洞窟的分期，第 329 窟时代为第一期开凿未完成，第二期持续完成的。则此窟的时代应在 7 世纪的中叶，最迟也是 7 世纪后半叶，大概不会晚到 8 世纪。

与之相关的是法国吉美博物馆藏的一幅《树下说法图》，可惜只保存了上半部（EO. 1171，图 8）。比起前述英藏那件说法图，这一幅绘画的时代可能会晚一点。《西域美术——吉美博物馆藏伯希和收集品》一书把它定为 8 世纪前半叶，从菩提树的特征来看，仍是初唐流行的样式，但从佛像的画法、菩萨的头冠与发髻的特点来看，可以跟初唐晚期到盛唐初期壁画相比。所以推断为 8 世纪初，应该没有问题。总之，这两幅可以说是敦煌绢画中时代最早的说法图。

经变画是唐代寺院和石窟中最流行的绘画形式。以一幅画综合地表现一部佛经的主题思想，这样的绘画称为"变相"或"经变"。由于佛经的内容很多，也很复杂，经变画往往重点在于表现佛经中所说的佛国世界，如观无量寿经变、药师经变等都是以主要篇幅表现佛国净土世界，然后在净土图的两侧具体描绘经中涉及的相关内容。这样构图的经变还有报恩经变、弥勒经变等。有的经变则是着重表现佛经内容的场景，如维摩诘经变，通过表现维摩诘与文殊菩萨二人对谈的场景，在周边描绘经中所述的相关内容。从莫高窟隋唐时期的壁画中，可以看出各种题材的经变画逐渐发展成熟的过程（图 9）。藏经洞出土绢画中的经变画，大体与壁画一致，也反映了唐、五代、北宋时期的经变画特点。现存绢画中的经变画通常高度在 2 米以内，这是便于悬挂的。可能在古代也是经常使用，因而较多地出现破损。当然也有一些保存较好，或者局部看起来较好的作品，使我们了解其有别于壁画的特点。藏经洞出土的经变画，从题材来看，基本上是敦煌壁画中较流行的内容，如观无量寿经变、维摩诘经变、药师经变、报恩经变、观音经变等。但其选取的内容和绘制的特色也颇有不同，正好可以补充我们对敦煌壁画的认识。

图 8 法藏《树下说法图》残片

图 9 莫高窟初唐第 340 窟北壁阿弥陀经变

观无量寿经变

观无量寿经变依据《佛说观无量寿经》绘制，在盛唐以后敦煌壁画中十分流行，并形成了一个基本的模式，即画面中央以较大的空间表现无量寿佛所在之地——西方净土世界。以建筑在净水池上的建筑群象征阿弥陀佛的世界。在净土图的两侧以竖向的条幅画面表现佛经《序品》中所说的"未生怨"故事和"十六观"内容。观无量寿经变这一模式一直持续到了后代，并影响到药师经变、报恩经变等经变的形式。

斯坦因掠走的绢画中，时代较早的《观无量寿经变》可能是现藏于印度新德里国立博物馆的一幅（图 10），现存部分仅有净土世界的场景，两侧是否还有"未生怨"和"十六观"的内容，还不得而知。中央净水池中描绘有化生童子，并存有部分榜题，可见"上品上生""上品中生""中品上生""中品中生"等文字，表明是《佛说观无量寿经》中所说的"九品往生"的内容。因此，松本荣一将其定名为观无量寿经变。值得注意的是这幅净土图的构图，大体按前、中、后三段式的表现形式：前段为平台，有听法菩萨坐在其中，平台后面有栏杆。中段为净水池，主尊佛和胁侍菩萨坐在水中生出的莲花上，水中可见化生童子。后段表现栏杆后面的花树、宝幢、菩提宝盖等，以及天空中乘云降下的佛、菩萨、天人等。这样三段式的构成与莫高窟第 334、321、220 等窟的净土图十分相似，可看作是初唐或盛唐初期的作品。其中，佛、菩萨等形象的色彩晕染，也体现出印度式的凹凸法特征，与前述的说法图一致。

图 10 印度藏《观无量寿经变》

在敦煌石窟初唐和盛唐壁画中，对"未生怨"的表现，通常只出现阿阇世太子囚禁国王、王后探望、太子欲弑母二大臣苦谏、王后拜佛等情节。到了中唐时期，就增加了国王杀死仙人、猎杀白兔的情节（如榆林窟第 25 窟），反映出观无量寿经变发展中的阶段性特征。在绢画中，则大部分观无量寿经变都画出了国王杀死仙人和猎杀白兔这两个情节，说明绢画的时代应在中晚唐或者更晚。如 Ch. 00216 号《观无量寿经变》，残损较多，但左侧的"未生怨"故事上部却保存完整，上部第一个画面表现山中一草庐前站立一拄杖的老人（本书图版 5、5-1）。旁边有题记文字"此仙人是阿阇世王前世之身"。第二个画面表现山间有一只兔子在奔跑，旁边题记写道："此白兔净饭王枉煞托在王宫为太子。"法国吉美博物馆也藏有几件《观无量寿经变》，基本的构图和内容大同小异。但有一幅五代时期的《观无量寿经变》（MG. 17637，图 11）构图较为特别：上部为净土图；下部分两段，上段描绘"未生怨"和"十六观"内容，下段则是供养比丘像八身。画面中"未生怨"故事中也画出了国王杀仙人及猎杀白兔的画面。这幅经变画的结构，与敦煌石窟里中唐开始流行的构图方式相同，即上部画净土图，下部用屏风画的形式表现经变各类情节。

图11 法藏《观无量寿经变》

图12 莫高窟中唐第112窟北壁水墨山水

药师经变

药师经变主要依据《药师如来本愿经》等经典绘制，在唐代是十分流行的题材。在初唐时期的莫高窟中，往往在一窟之内西方净土（观无量寿经变）与东方净土（药师经变）相对画出。隋朝至初唐时期，药师经变出现多种构图方式，盛唐以后，受观无量寿经变的影响，基本上形成了固定的模式：中央表现净土世界，两侧以条幅的形式分别表现佛经里讲到的"九横死""十二大愿"内容。从藏经洞出土的绢画中，药师经变数量不少。目前所知有明确题记的，就是斯坦因掠走的有"丙辰"题记的《药师经变》（本书图版8）。此图内容颇多，上部画药师经变，其下有文殊菩萨与普贤菩萨，最下部则画三身菩萨（包括千手千眼观音、如意轮观音、不空羂索观音），中央保存的题记文字有些漫漶，但能看出如下内容：

敬画药师如来法席

一铺文殊普贤会一铺千手

千眼一躯如意轮一躯不

空羂索一躯

以此功德奉为先亡□考

□□□法界苍生同

□共登觉路

丙辰岁九月癸卯朔十五日丁巳

□□□□□建造毕

上述文字从左起纵向书写共9行，榜题下部还有吐蕃文横向书写，这是吐蕃时期题记的特征。这则"丙辰"题记，据专家研究，当为吐蕃占领敦煌时期的836年。在一幅画中把药师经变与文殊、普贤以及观音等形象组合在一起，这样的构图十分罕见，也反映了当时供养者的多种愿望。从药师佛旁边胁侍菩萨的身姿可看出中唐时期新出现的具有波罗风格的菩萨画法。秋山光和先生还注意到了此图左上角山水画的水墨画法。唐朝山水画流行，在佛教壁画中也多有出现，但在唐朝前期主要流行的是青绿山水，以石绿石青色为主，色彩鲜艳。中唐以后，水墨画开始兴起，莫高窟第112窟（图12）、榆林窟第25窟等壁画中都可以看到水墨山水，这幅绢画中的山水也反映了当时最新流行的样式。

英藏的另一幅《药师经变》（Ch. lii. 003，本书图版9），是一幅高度超过2米的大幅经变画，其构图完全与莫高窟壁画一致，即中央为药师净土，两侧以条幅的形式分别画出"九横死"与"十二大愿"内容。韦陀认为这是9世纪的作品，从建筑的样式以及部分菩萨头冠的表现来看，应是中唐（9世纪前半叶）的作品，其中线描笔法流畅，可见盛唐余韵。但在两侧的纵向条幅"九横死"和"十二大愿"的画面中，背景中出现了十分成熟的水墨山水，显然是中唐时期典型的风格。在中央净土图上部两侧分别画出千手千眼观音和千手千钵文殊，下部已残，但仍可看出有两组菩萨的画面，或许如前述药师经变下部那样画出不空羂索观音、如意轮观音之类，但具体情况无法详知。

维摩诘经变

维摩诘经变主要是依据《维摩诘所说经》绘制的。在敦煌石窟里，维摩诘经变是隋朝开始出现并流行起来的，唐朝以后就成为壁画中最流行的题材之一。通常维摩诘经变绘于洞窟东壁窟门两边，一边绘出以维摩诘为主的相关人物，一边绘以文殊菩萨为主的人物。也有部分洞窟采用一面壁画出维摩诘经变的，但画面中依然是维摩诘和文殊菩萨相对，形成两大阵营对峙的构图。

斯坦因掠走的一幅绢画《维摩诘经变》（Ch. 00350，本书图版10）就是在一幅画中表现文殊与维摩诘对谈的场面。此图上部三分之一的位置绘出一道城墙，表现维摩诘所在的毗耶离城，表现佛国世界以及维摩诘所化现的妙喜世界；下部左侧为维摩诘，右侧为文殊菩萨。照例文殊菩萨下面有中国式帝王及大臣等形象，维摩诘下面则画出各国人物形象，以表现维摩诘与文殊菩萨对谈时，各天人圣众乃至俗界人物皆来听法的盛况。其中值得注意的是在维摩诘下部表现各国各族人物之中，吐蕃赞普站在领头的地位，与右侧的中国帝王形成分庭抗礼的局面。这是中唐时期吐蕃占领敦煌后出现的新样式，标志着吐蕃人的地位。这也意味着这幅绢画的绘制时间应在吐蕃时期。

维摩诘经变在绢画中保存的并不多，但大英博物馆收藏的另一幅《维摩诘经变》令人关注。这是一幅纸本的纵长方形画（Ch. 0054，本书图版11），画面中上部为文殊菩萨及侍从，下部绘中国式帝王与大臣。韦陀先生把此件的时代定为五代。显然这幅维摩诘经变是不完整的，仅表现一半的内容。我们在吉美博物馆发现了一件同样为纸本的绘画品（MA.6277，图13），画面上部描绘维摩诘坐在帐中，其下部描绘各国人物，其中吐蕃赞普的形象排在首位。这两件经变画均为纸本，且大小相当（法藏部分为70cm×33.8cm，英藏部分为73.2cm×30.7cm，考虑到英藏部分的尺寸可能包含了画面上下裱背的外缘，当初两件作品的高度可能是一样的），墨绘与色彩的风格也一致，应为同一组作品。维摩诘经变这一题材在唐五代期间莫高窟壁画中也往往画在洞窟的门两侧，因此，纸本维摩诘经变分成两纸，或许也有其用意。这里令人关注的还有：在吉美博物馆这部分中，维摩诘下部的各国人物中，吐蕃赞普排在前，而且表现得十分显赫，前有大臣引导，二人托供品在前，赞普身后有一人为之打着伞盖，这种气派与中国式帝王形成分庭抗礼的状态。这样的构图，是吐蕃占领敦煌时期维摩诘经变的一大特色，当张议潮率众起义，推翻吐蕃统治之后，张氏、曹氏归义军时代的壁画中都不再出现类似的表现。因此，这幅维摩诘经变会不会是吐蕃时代的产物，或者是五代时期的画家仍按吐蕃时代的画样来表现？若综合这组维摩诘经变的绘画风格来看，如菩萨、天王等形象的表现以及世俗人物的特点，更接近五代的特点。表明五代时期吐蕃时代的画样在某种程度上仍然被使用。

图13 法藏《维摩诘经变》

报恩经变

报恩经变是根据《大方便佛报恩经》绘制的。这部佛经根据一系列故事来讲述报恩的思想，经中宣扬上报佛恩，中报亲恩，下报众生之恩。特别是报君亲之恩，与传统儒家忠孝思想非常契合，因此这部经典在唐代以后非常盛行。根据《报恩经》绘制的报恩经变在敦煌壁画中最早出现于盛唐，中晚唐的洞窟里就出现很多。英藏绢画中的报恩经变也基本上是中唐或其后的作品。报恩经变（Ch.liv.004，本书图版12）同大部分净土经变画一样采用三联式构图：中央为净土图，两侧为竖向条幅表现相关故事。净土图中，佛与胁侍菩萨居中，上部描绘复杂的殿堂、回廊等建筑，下部表现净水池上的平台以及乐舞场面，这样的构成是唐代净土经变的基本模式。净土图两侧条幅分别表现须阇提本生故事和鹿母夫人故事、善事太子本生故事。韦陀认为是9世纪前期（即中唐时期）的作品，此图中央净土图两侧画出的故事画中，背景的山水以水墨加彩绘成，包括山中树木的样式都反映出中唐绘画的风格特点。

绢画中的经变画还有弥勒经变、父母恩重经变、劳度叉斗圣变等内容，不再详述。至于观音经变、十王经变的内容，将在后文中详述。

图14 法藏《炽盛光佛图》

（二）佛像、佛传

在现存绢画中，单独绘出的佛像并不多，有药师佛、释迦牟尼佛等。大致的形式为上部绘佛像，下部绘供养人像，均为五代、北宋时期所绘。

与佛像相关的就是佛传故事。在莫高窟北朝壁画中，可见以横长卷形式描绘的佛传图，但在唐代壁画中较少出现以连环画形式表现的佛传。绢画中的佛传故事均为纵向连续的画面，类似观无量寿经变中净土图两侧的纵长形故事画。但似乎这几幅佛传图都是单独作为幡来使用的。那么，显然一幅幡画中无法把佛传的故事全部画出来，也有可能是几幅绢幡成组，连续表现佛传故事。现在这几幅佛传画的形式，大体有两种类型，一种形式如《佛传图（出游四门）》（Ch.lv.0016，本书图版21），是在画面中明确分隔成一个一个方框形式，每个方框内画一个场景；另一种则是不画出方框，而通过山水、建筑等背景，自然形成一个一个场景，使画面更富有整体感，这种形式运用得较多。

炽盛光佛是较为独特的佛像，根据《佛说炽盛光大威德消灾吉祥陀罗尼经》所绘。这一题材的绘画在北宋、西夏时期极为流行。而英藏这幅《炽盛光佛及五星图》（Ch.lvi.007，本书图版19），有唐乾宁四年（897）题记，是现存所知时代最早的炽盛光佛图。它的内容及表现形式对后来的同类题材绘画具有深远的影响。

此图左上角有文字题记：

炽盛光佛并五星
神乾宁四年正月八日
弟子张淮兴画表庆
讫

题记文字竖行由左至右。这样的写法与通常书写形式有别，但在壁画中的文字题记也常常有这样的写法。画面中炽盛光佛坐在一辆牛车上。画面左侧第一位是一个文官模样的人物，戴

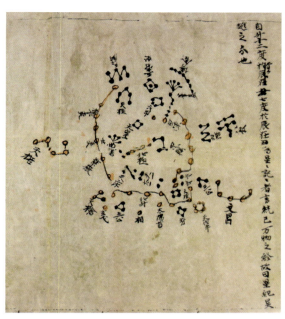

图15 大英图书馆藏藏经洞出土唐代《星图》（局部）

猪冠，着青衣，双手持一果盘，这是木星，也称摄提。木星后面是一位女性，一手持笔，一手持本，头戴猴形冠，这是水星，也称辰星。炽盛光佛的车前有一老者牵牛，老者为婆罗门打扮，头戴牛头冠，一手执杖，这是土星。土星后是一位身着白衣的女子，戴鸟形冠，双手抱琵琶，这是金星，也称太白。最后一位如金刚形象，头戴马头冠，身有四臂，分别持弓、箭、剑、戟，这是火星，也称荧惑。

法国图书馆收藏一幅纸本《炽盛光佛图》（图14），内容和结构与英藏这一幅绢画基本一致，只是在上部有两个、下部有一个仿佛饕餮纹的兽面形象，有学者认为可能是计都和罗睺之类隐星[6]。在上部还残存有星座的部分形象（北斗）。炽盛光佛的崇拜与人们祈求消灾免难的思想密切相关，同时炽盛光佛的形象常常与星象有关。五星是古人对太阳系内行星的认识，古代的天文星象又往往用于星占、禳灾，因此，炽盛光佛与星象结合的图像后来不断发展，其中星象的内容不断增加。五星再加日、月，称为七曜，七曜再扩展，增加了计都与罗睺，便称为"九曜"。除了九曜之外，还增加了十二宫以及二十八宿。在莫高窟第61窟甬道两侧均绘出《炽盛光佛图》，其中就有九曜与十二宫、二十八宿的形象，是规模最大的《炽盛光佛图》。图中九曜与二十八宿均以特别的人物形象表现，十二宫的星象则分别在圆形内绘出相应的形象，如狮子宫，是画出一只狮子；双子宫，则画出两个孩子；白羊宫，则画出一只羊，如此等等。对于十二宫（十二星座）的认识，作为星占思想一直影响到今天。

古代有关星象的认识，虽然带有一定的迷信色彩，但也反映了古人对天文现象的认识。中国早在先秦时代就对天象有着深入的观察，并记录了星象的运行以及日食、月食等天文现象。佛教传入中国后，伴随着佛经，还把西方和印度对天文的认识传入中国。到了唐朝，中国的天文学达到了前所未有的高度，藏经洞出土的唐代《星图》（图15），绘出了1300多颗星宿，以及星座的位置图。这在当时世界上是最先进的。壁画以及绢画中出现的星象等内容，也反映了各时期人们对天象的认识。

（三）菩萨像

由于菩萨具有救苦救难的功能，成为历来佛教信众最喜爱的形象。绢画中有单独的菩萨像，也有一幅画中描绘几位菩萨的情况。如《四观音文殊普贤图》（Ch. lv. 0023，本书图版35），上部绘出四身观音像，均为立像，手持净瓶和莲花。下部右侧为文殊菩萨乘狮，侧有昆仑奴牵狮；左侧为普贤菩萨乘白象，侧有昆仑奴牵象，二菩萨两侧各有二身菩萨持幢侍立。文殊、普贤菩萨下绘男、女供养人像各四身，从供养人题记来看，此图为唐咸通五年（864）唐姓一家所供养。像这样把六身菩萨绘在一起的情况并不多，通常有两身菩萨成组绘制的，较多的就是文殊菩萨和普贤菩萨成组，也有两身观音成组的。

单独的菩萨像，可能用作幡画的比较多，往往是纵长方形画面绘出一身站立的菩萨像，有的保存了题记文字，便可知菩萨名号，也有不少未保存题记，难以判断菩萨的身份，其中观音菩萨、地藏菩萨的形象较多，中唐以后的菩萨幡画中有一些受到波罗艺术影响的菩萨像，如英藏Ch. lvi. 002号绢画（本书图版31），可能是金刚手菩萨，身体为墨绿色，如青铜一般。菩萨上身半裸，一手托金刚杵，一手持莲花。这种密教类型的菩萨像，大体为中唐或以后时期所绘。

引路菩萨也是唐以来出现较多的，与净土思想的流行有关。佛教认为人若潜心行善修行，死后便可往生西方净土，这时就会有菩萨来引导亡者进入佛国世界。绘制引路菩萨，反映了普通信众的这种愿望。英藏《引路菩萨像》（Ch. lvii. 002，本书图版32）是非常著名的一幅引路菩萨图，菩萨面相雍容，衣着华丽，一手持幡，一手持香炉，行进在云层之上，身后跟随着一位世俗妇女。画面的左上角绘出在云层之上的楼阁，那就是象征西方净土世界的天宫。

观音菩萨与观音经变

表现菩萨的绘画中，观音菩萨像是最多的，目前未保存题记的菩萨像中可能有不少就是观音像。《妙法莲华经·观世音菩萨普门品》中对观音菩萨救苦救难的事迹叙述得最为详细，随着《妙法莲华经》的流行，普通信众对观音菩萨的崇拜远远超过其他菩萨，以致信众们往往单独把《妙法莲华经·观世音菩萨普门品》作为修习之经典，称为《观音经》。又因经中讲到观音菩萨为了普度众生有着种种化现，于是对观音菩萨形象的描绘也有很多种，后来出现"三十三观音"

---

[6] 参见孟嗣徽《炽盛光佛变相图像研究》，《衢地营穹：中古星宿崇拜与图像》，北京：生活·读书·新知三联书店，2023年。

之说。作为观音的基本形象，通常是头上戴有化佛冠，手持净瓶或者莲花、杨柳枝等。水月观音是唐代以后在中国流行的观音形象，英藏《水月观音像》（Ch.i.009，本书图版57）为纸本绘画，表现观音菩萨手持杨柳枝坐在水边的岩石上，一轮圆月罩在菩萨全身，观音身后有竹林，周边是波涛汹涌的大海，意境清雅。吉美博物馆藏绢画中，也有构图相似的《水月观音图》，如有后晋天福八年（943）题记的绢画观音经变（GM.17775），其右下部画一独立的水月观音像（图16），观音菩萨的坐姿以及周边的环境表现风格大体与前述作品一致。唐代后期，密教图像开始流行，其中就有千手千眼观音像、如意轮观音像、不空羂索观音像等。英藏绢画中千手观音时代较早者，有吐蕃时期的《千手千眼观世音菩萨像》（Ch.lvi.0019，本书图版64），画幅高达222.5厘米，以蓝色为底色，中央为观音菩萨坐于莲台上，众多的手围成一个圆圈，在蓝底色中尤为突出。周围有观音菩萨侍从以及诸天神。像这样色彩对比强烈、绘制精细的千手千眼观音，是难得的唐代绢画精品。英藏的另一幅《千手千眼观世音菩萨像》（Ch.xxxiii.002，本书图版62），相对较为单纯，中央绘出观音菩萨千手环绕，上部两侧分别画出日天和月天，下部有两身供养人像，左侧男性供养人头戴幞头，着圆领袍，手持香炉胡跪于方形毯上。

图16 法藏水月观音图

有的绘画作品除了在画面中央表现观音菩萨像外，还在周边具体描绘经中所记观音菩萨救苦救难的内容，这类绘画称为观音经变。唐朝的敦煌壁画中，如莫高窟第205窟南壁、第45窟南壁等，均有完整的观音经变。绢画中大量出现观音经变，多为唐、五代及北宋的作品。英藏《观音经变》（Ch.xl.008，本书图版60）是一幅较为简洁的观音经变，中央为观音菩萨坐于莲座上，观音菩萨有六臂，分别托日、月，持净瓶、念珠等。观音菩萨两侧画了六个场面，分别表现六种灾难，画面下部则绘出男女供养人像。

图17 榆林窟中唐第25窟前室东壁毗沙门天王

地藏菩萨与十王经变

地藏菩萨也是较多用于幡画的主题。佛教讲轮回，所谓六道轮回，包括天神道、人间道、修罗道、地狱道、饿鬼道、畜生道。前三道为善道，后三道为恶道。佛教认为人死了之后还会投生，至于投生到哪里，则根据他生前作为，所谓善有善报，恶有恶报。按《地藏菩萨本愿经》，那些曾经做过恶事的人，死后就会下地狱，经受各种苦难。地藏菩萨就是为了拯救和教化那些堕入地狱之人，使其脱离苦海。唐朝的一些石窟里往往把地藏菩萨像与观音菩萨像相对成组画出。如莫高窟第45窟在佛龛南侧绘观音菩萨，北侧绘地藏菩萨。藏经洞出土的绢画中有不少地藏菩萨的单独画像。如英藏的两幅地藏幡画（Ch.xxiv.004、Ch.i.003，本书图版70、71），地藏菩萨作僧人打扮，均着田相袈裟，立于莲台上，表情恬静。Ch.lvi.0017号绢画（本书图版73），地藏菩萨为坐像，在菩萨的两侧分别画出一些人或动物，以象征"六道"。右侧题记分别为"成佛道""畜生道""地狱道"，左侧残损，仅存中部"人道"题记。

地藏菩萨因与地狱相关，常常把表现地狱的《十王经》内容与地藏菩萨画在一起，形成地藏十王图。这一类地藏菩萨往往头上戴帽，称为"被帽地藏菩萨"。其表现形式多与观音经变相似，即中央绘地藏菩萨（或坐或立），周围描绘地狱十王。有的是左右各排五王，两侧共十王；也有的十王图则在地藏菩萨两侧分别表现十王：每一王前有案，王作判案之状，两侧还有侍从等。五代以后，又有以长卷的形式依次描绘地狱十王的画卷，长卷中分别绘出每一个王判案的情景以及地狱中鬼吏、入地狱者受刑等具体内容。

（四）天王、力士、高僧

天王与力士也是幡画中流行的主题内容。佛教认为在须弥山四周有四天王守护，东方提头赖吒（持国）天王、南方毗琉璃（增长）天王、西方毗楼博叉（广目）天王、北方毗沙门（多闻）天王。天王都身穿铠甲，手持法器，与现实社会中的战将相似。通常东方天王持宝杵或琵琶，南方天王持弓箭，西方天王持宝剑，北方天王持宝塔。单独绘制的天王像，有的并没有持法器，这样就难以判断天王的身份了。在英藏的敦煌画幡中，四天王的形象都可以看到，当然并不一定是同一组绘画。除了四天王的形象外，也有着重表现毗沙门天王（北方天王）行道的画面，如《行道天王图》（Chi.0018，本书图版88），表现毗沙门天王率领侍从威风凛凛地行进在海面上，他头戴宝冠，身着金色的铠甲，右手持戟，左手冒出云气，云中有宝塔。天王前有仙女引路，后面有众多眷属，背景为波光粼粼的大海，画面色彩艳丽，气势雄伟。毗沙门天王的信仰在唐代后期于阗、吐鲁番一带十分流行，影响及于敦煌。敦煌石窟唐代后期至五代北宋壁画中也常常有关于毗沙门天王决海等故事画，以及单独的毗沙门天王壁画（图17）。

图18 法藏《行脚僧像》

图19 唐代《金刚经》引首插图《祇树给孤独园》

金刚力士也是幡画中较常出现的题材，表现力士往往身体半裸，上半身和双腿露出结实的肌肉。如唐代绢画《金刚力士像》（Ch. xxiv. 002，本书图版93），金刚力士右手握拳上举，左手持杵，眼睛圆瞪，张口怒目。画家利用线描粗细变化，配合色彩的晕染，表现出力士身体筋肉突出的肌肤感，体现出强劲的力度。

英藏绘画品中有一幅纸本《高僧像》较为独特（本书图版98）。此图为白描绘成，高僧坐于方形毯上，两手结禅定印，身前放着一双鞋，身旁放着净瓶。高僧身后有一棵树，树上挂着高僧用的挎包和念珠。这一场景令人想到莫高窟第17窟壁画中同样也画出树上挂着挎包。那是作为洪辩和尚的背景而绘的。看来挎包等物是当时僧人们常用之物。

行脚僧像在绢画中也是较为特别的，法国藏的敦煌绢画中有两幅行脚僧像，均表现高僧一手持念珠，一手持杖，脚着芒鞋，背负行囊艰难地行走，旁边还有一只老虎伴随而行。英藏的《行脚僧像》为纸本彩绘（Ch. 00380，本书图版97），内容与法藏绢画相似，只是在僧人前画出一朵云，云上有佛像。总的描绘较简略粗糙，可能是一个画稿，或作为练习绘画所用。法藏的一幅行脚僧像题记中写有"宝胜如来"的字样（E0. 1141，图18）。日本学者秋山光和认为，"宝胜如来"之名出现在唐代不空所译《施饿鬼法》中，表明此图用于供养者祈求冥福之意。但《施饿鬼法》中并未讲到"宝胜如来"的形象特征。又因此图与传世的所谓《玄奘取经图》颇为相似，故有人认为是《玄奘取经图》。松本荣一认为是与西藏佛教中十八罗汉之一达磨多罗有关，直接命名为《达磨多罗图》。但传世绘画中的达磨多罗的形象与敦煌绢画中的行脚僧像没有相似之处。

（五）曼荼罗及其他

曼荼罗意为"坛城""坛场"，是密教修行的场所。作为曼荼罗的绘画，通常以圆形和方形结合，形成一个坛的形式，其间根据不同的方位，描绘不同的佛像、菩萨像、金刚像等。于是坛城也可以看作是一个佛教的世界。藏传佛教中，曼荼罗成为佛教绘画中最重要的题材。

本书所选英藏的两幅纸本墨绘的曼荼罗，实际上是曼荼罗的画稿，如 Ch. 00189 号（本书图版99）在曼荼罗的几处特别的部位都用文字注明该处应绘什么内容。如四个角上分别注明"此处画东方天王""此处画北方毗沙门天王"等。通过这个画稿，我们也可以了解古代画师作画的情况：在正式绘于绢上或者墙壁之前通过画稿来设计不同的内容。

大随求陀罗尼的结构与曼荼罗较为接近。"陀罗尼"本是指经咒，这里是指把梵文经咒与菩萨、法器等形象组合在一起的画，实际上具有曼荼罗的性质，布局形式完全按密教曼陀罗的要求来安排，这样的佛画用于信众奉持念诵供养。从当时佛教发展的情况看，这些陀罗尼经咒需求量很大，流传也较广，在内地就有不少地方发现，在敦煌也有很多这样的版画，往往是有梵文组成图案形式，其中又按一定的布局排列有佛、菩萨像和法器等。英藏这幅《大随求陀罗尼轮曼荼罗》（Ch. xliii. 004，本书图版101）有北宋太平兴国五年（980）题记，高41.7厘米，宽30.3厘米，画面中央为圆形，外侧为方形，圆形中央为八臂观音菩萨，中间两臂作说法印，两侧六臂各持法器。环绕菩萨像的是按圆形排列的梵文经咒，圆形的最外层为卷草装饰，形成一个较大的圆轮，圆轮的下部有莲花形装饰。在这个圆轮以外是长方形，表现圆轮下面有二金刚力士分别站在两侧托着圆轮，中央则是长达21行的发愿文。圆轮下部背景表现水波，上部则表现云气，在长方形的四角各装饰一朵莲花。在圆轮的右侧上部刻有榜题"施主李知顺"；左侧相对的榜题刻有"王文沼雕板"。长方形外层的装饰带则在上下各有五个圆轮，左右各有三个圆轮，圆轮中分别以莲花和天人相间表现，而圆轮之间饰以法器。这些陀罗尼版画结构复杂，雕刻精美，反映了当时版画的高度成就，而最珍贵的是还保留了雕版者的名字，成为中国版画史上的重要资料。法国吉美博物馆藏品中也有类似陀罗尼版画。

敦煌藏经洞发现的版画，最著名的就是唐代咸通年间的《金刚经》（S. P. 2）引首[7]插图（图19）。这件印本《金刚经》的卷末有题记"咸通九年四月十五日王玠为二亲敬造普施"。题记表明了此佛经刊刻的时间是唐咸通九年（868）。这件印本佛经的引首为佛说法形式的版画，佛在中央结跏趺坐，右手伸出作说法印，佛座两侧各有一狮子。佛身后有弟子九人及菩萨天王等众，画面左下角有一佛弟子合十跪在佛前，身后有榜题"长老须菩提"，表现的是须菩提向佛请教问题。这正是《金刚经》中佛为众人说法的缘起。右下部则画出世俗的国王听法。佛头上部有华盖，华盖两侧各有一飞天散花。画面左上侧有一则题记："祇树给孤独园"，说明此图的主题。这件版画的表现手法是来自唐代的经变画形式，唐代经变画的一般格局，就是以佛说

---

[7] 引首是指古代文书的开头部分，其作用类似今天图书的扉页。

法场面为中心，在某些局部内容上画出标志着某部佛经的情节。但在敦煌壁画中，由于画面较大，可以表现更丰富的内容和情节，中央说法场面通常大体一致，而在周围描绘更细致的故事情节，而到了中唐以后，又往往在说法场面的两侧以条屏形式，或在下部以屏风画形式表现佛经的具体故事。但这件版画由于画幅不大，仅作为一部佛经的引首，其构图就要求更加紧凑，人物更加简练，画面上除了佛与十大弟子、二菩萨、二天王、二飞天及四个听法的俗人外，没有更多的人物。而需要注意的是，通常经变画中表现佛说法，都是表现佛的正面形象，在这幅版画里，佛及弟子菩萨众人均为半侧面的形象，与画面左侧的须菩提相对，形成一种强烈的方向性，就是由右向左的一个趋向。这一点改变，无疑是具有开创性的，是对寺院和石窟中大型经变画的一个改革，这种改革是针对手卷或册页的视角效果而进行的。显然，那种气势宏大的正面形象表现的说法场面，画在寺院的墙壁上，适合于信众的观瞻礼拜。但当我们面对一幅大不盈尺的画面时，观者的心情与寺院中那种观瞻的气氛完全不同，这里只有一种观赏心态。而且，作为一部佛经的卷首，观者的目的还在于由此进入佛经的正文。于是版画的方向性就有了重要的意义，观者由右向左，便进入了佛经正文。这也是中国古代手卷绘画的一个传统方法。

虽然这幅版画是《金刚经》的引首，但经笔者考察，发现这幅版画与后面的文字部分并不是连在一起的，而是分开的两纸，且两纸的纸张有些差异，尤其值得注意的是版画边框的上下高度与文字部分边框的高度不同，应该出自不同的雕版。版画中仅出现两处文字，是作为题记的文字，一是"祇树给孤独园"，一是"长老须菩提"。这仅有的两处文字书法特点与后面《金刚经》文字的书法也不一致。特别是须菩提的"须"字，右侧不写作"页"而作"负"，这样的写法在后面的《金刚经》全文中都没有出现过。可以断定的是，这幅引首插图与《金刚经》全文的雕版并非同一人雕刻的。至于是否同一时间完成，尚无更多的依据。但从画面中体现的形象特点，如金刚像、飞天等形象看，似乎应晚于唐代。

五代以后，敦煌曹氏家族加强了对佛教的信仰，除了在莫高窟大规模营建洞窟外，还有印刷的观音菩萨像、毗沙门天王像等，在藏经洞出土文物中，就有不少印本的文殊菩萨、观音菩萨以及天王像等，大体是单页印刷，上部为菩萨或天王像，下部刻出发愿文。如英藏《观音菩萨像》中就有后晋开运四年（947）曹元忠供养的题记（图20）。

藏经洞出土的绘画品中还有一部分是白描画稿，大约是当时画工练习之物。如 Ch.00207 号（本书图版102）是在一件文书的背面画出一人牵马一人牵骆驼的画面，虽说是画稿，也可看出画家用笔较为娴熟，Ch.00147 号为白描《狮子图》（本书图版103），手法简洁，笔力雄健，反映了画家对狮子造型的把握和用笔的熟练。

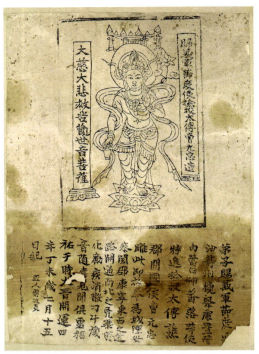

图20 英藏《观音菩萨像》

小　结

敦煌藏经洞出土文物中保存了数量可观的唐朝至宋朝期间绢本、纸本绘画作品，内容十分丰富，艺术价值极高。对于研究敦煌石窟艺术来说，藏经洞出土的绘画不论是主题内容还是艺术表现手法等方面，都是同时期石窟壁画的重要补充。一些佛教内容，壁画中出现较少，而绢画中保存了较多的作品，如炽盛光佛图、地藏菩萨与十王经变等。还有一些经变画虽然在石窟壁画中已有非常丰富的表现，但同一主题的经变画，在绢画中往往有不同于壁画的表现特点：或对内容的选择重点不同，或在画面构成方面有所创新，如观无量寿经变、维摩诘经变、观音经变等。从大型经变画、尊像画到人物、山水等绘画的技法和风格特征均可与敦煌壁画艺术互证，使我们对这一时期中国绘画艺术的历史演变和风格成就有了更为全面的认识。

中国绘画在唐朝和唐以前主要以壁画为载体，南北朝至隋唐那些著名画家的作品均是绘于殿堂和寺院墙壁上。随着时代的变迁，古代的殿堂、寺院建筑大多湮灭，使我们无法得知当时的绘画状况。而五代以后，绢本、纸本的绘画逐渐成了主流，我们今天能够看到的古代绘画，主要也是唐代之后的作品。唐代后期至五代时期，可以说是中国绘画的一个重要转折期。绢本、纸本绘画由于材质上与壁画差异较大，其表现技法、风格特点也有很大的不同，从这个意义上看，藏经洞出土的绢本、纸本绘画无疑为我们提供了绢本、纸本绘画与壁画相关联的重要资料。通过与敦煌壁画相比较，我们可以探讨古代画家对壁画和纸本、绢本绘画的不同技法和处理方法，从而了解这一重要阶段绘画史演变的特点。

目 录

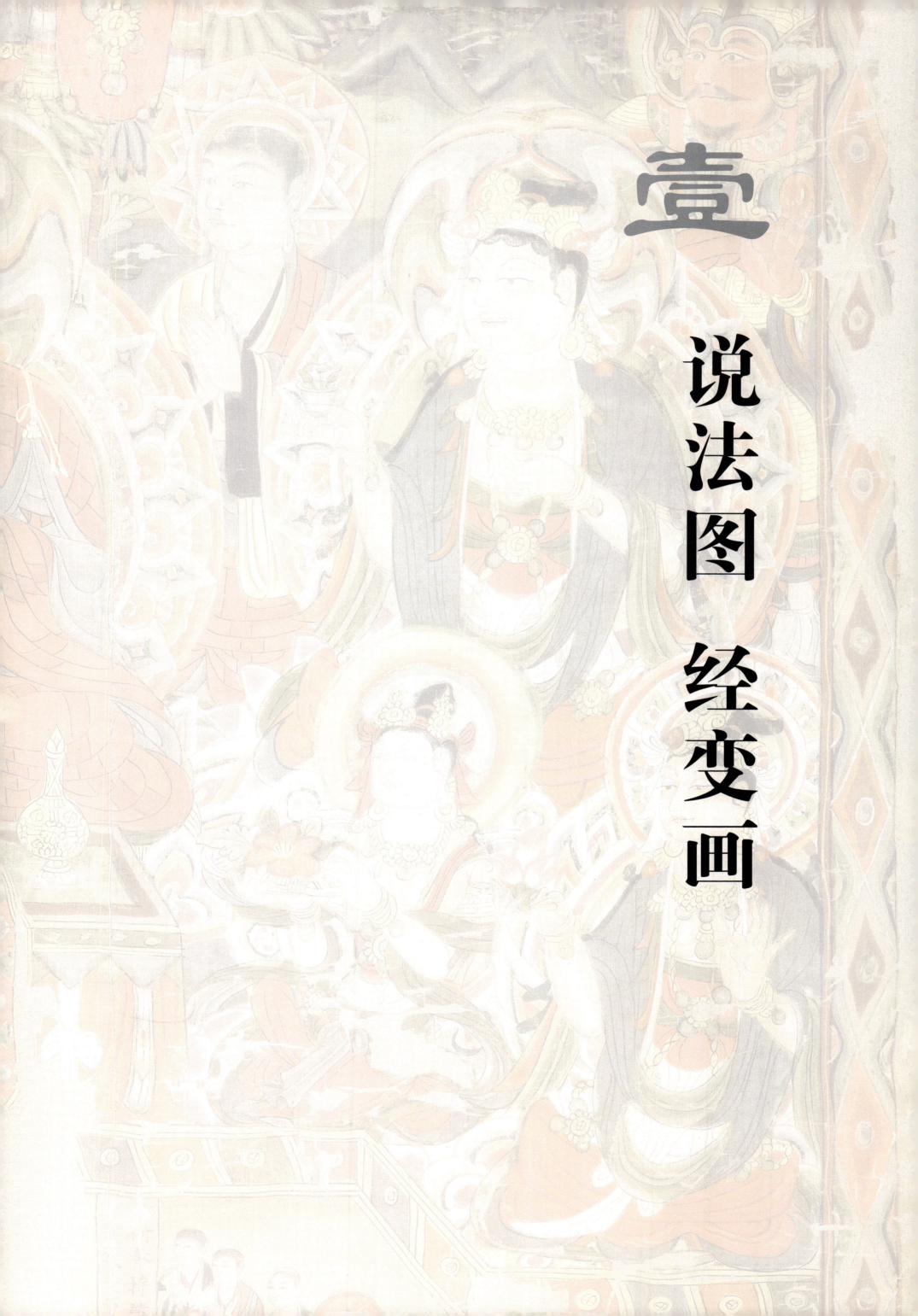

壹

说法图　经变画

No. 001 刺绣凉州瑞像图

唐代（8 世纪）

麻底丝绸刺绣　纵 241.0 cm　横 159.5 cm

Embroidery of the Auspicious Image of Liangzhou

Tang dynasty, 8th century A.D.

Embroidery on silk backed with hemp cloth

H. 241.0 cm, W. 159.5 cm

Ch. 00260

No. 001-1 刺绣凉州瑞像图（局部 1）

No. 001-2 刺绣凉州瑞像图（局部 2）

No. 002 树下说法图

唐代（8 世纪初）

绢本着色　纵 139.0 cm　横 102.0 cm

Buddha Preaching the Dharma

Tang dynasty, early 8th century A.D.

Ink and colours on silk.　H. 139.0 cm, W. 102.0 cm

Stein painting 6. Ch. liii. 001

No. 002-1 树下说法图（局部 1）

No. 002-2 树下说法图（局部 2）

No. 002-3 树下说法图（局部 3）

No. 003 凉州瑞像图（残片）

唐代（8 ～ 9 世纪）

绢本着色　纵 95.9 cm　横 51.8 cm

The Auspicious Image of Liangzhou (fragment)

Tang dynasty, 8th-9th century A.D.

Ink and colours on silk. H. 95.9 cm, W. 51.8 cm

Stein painting 20. Ch. 0059

No. 004 释迦如来说法图

后周广顺三年（953）

绢本着色　纵 76.6 cm　横 68.4 cm

Śākyamuni with Ākāśagarbha and Ratnaguṇa Bodhisattvas, Śāriputra and Mahā-maudgalyāyana

Five Dynasties, dated 3rd year of Guangshun (A.D. 953)

Ink and colours on silk.　H. 76.6 cm, W. 68.4 cm

Stein painting 16. Ch. xxxiii. 001

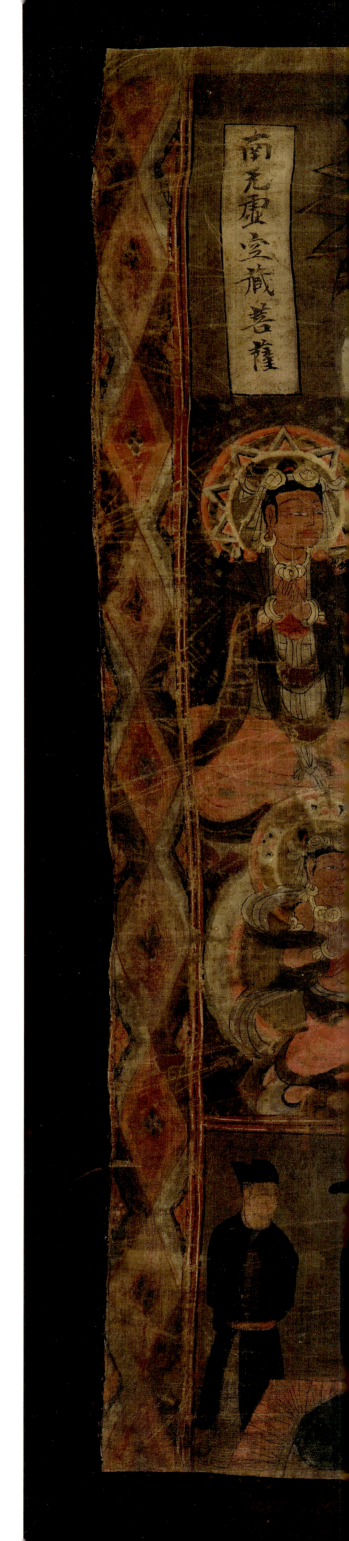

大目犍連神通第一

舍利弗智慧第一

南无寶滿善薩

No. 005 观无量寿经变（残片）

唐代（8 ～ 9 世纪）

绢本着色

复原图　纵约 210.0 cm　横约 177.0cm

**Fragments of the Illustrations of the *Amitāyurdhyāna-sūtra*,
Makeshift Assembly to Show the Relationship of the Principal
Surviving Fragments of the Paradise of Amitābha**

Tang dynasty, 8th-9th century A.D.

Ink and colours and gold on silk

Original H. about 210.0 cm, W. about 177.0 cm

Stein painting 37. Ch. 00216

此仙人是阿闍世王前世之身

阿闍世

此白象浮敷王拒憋記往王宮為太[子]

No. 005-1 观无量寿经变（局部 1）

阿阇世王内门守捉之官

No. 005-2 观无量寿经变（局部 2）

No. 005-3 观无量寿经变(局部 3)

No. 005-4 观无量寿经变（局部 4）

No. 006 观无量寿经变

唐代（9 世纪初）

绢本着色　纵 173.5 cm　横 120.0 cm

Paradise of Amitābha, with Illustrations of Episodes

from the *Amitāyurdhyāna-sūtra*

Tang dynasty, early 9th century A.D.

Ink and colours on silk. H. 173.5 cm, W. 120.0 cm

Stein painting 35*. Ch. lvi. 0034

No. 006-1 观无量寿经变（局部 1）

No. 007 观无量寿经变

唐代（9 世纪前半）

绢本着色　纵 168.0 cm　横 123.0 cm

**Paradise of Amitābha, with Illustrations of Episodes
from the *Amitāyurdhyāna-sūtra***

Tang dynasty, first half of the 9th century A.D.

Ink and colours on silk. H. 168.0 cm, W. 123.0 cm

Stein painting 70. Ch. xxxiii. 003

No. 007-1 观无量寿经变（局部 1）

No. 007-2 观无量寿经变（局部 2）

No. 008 药师经变

唐代吐蕃占领时期　丙辰（836）

绢本着色　纵 152.3 cm　横 177.8 cm

Paradise of Bhaiṣajyaguru

Tang dynasty, Tibetan period, dated *bingchen* (A.D. 836)

Ink and colours on silk. H. 152.3 cm, W. 177.8 cm

Stein painting 32. Ch. xxxvii. 004

No. 008-1 药师经变（局部 1）

No. 009 药师经变

唐代（9 世纪）

绢本着色　纵 206.0 cm　横 167.0 cm

**Paradise of Bhaiṣajyaguru, with Illustrations of Episodes
from the *Bhaiṣajyaguru-vaiḍūryaprabha-sūtra***

Tang dynasty, 9th century A.D.

Ink and colours on silk. H. 206.0 cm, W. 167.0 cm

Stein painting 36. Ch. Iii. 003

No. 009-1 药师经变(局部 1)

No. 010 维摩诘经变

唐代吐蕃期（8 世纪末）

绢本着色　纵 140.0 cm　横 115.5 cm

Illustrations to the *Vimalakīrti-sūtra*

Tang dynasty, Tibetan period, late 8th century A.D.

Ink and colours on silk. H. 140.0 cm, W. 115.5 cm

Stein painting 57. Ch. 00350

No. 010-1 维摩诘经变（局部 1）

No. 010-2 维摩诘经变（局部 2）

No. 010-3 维摩诘经变（局部 3）

No. 011 维摩诘经变

五代（10 世纪中叶）

纸本着色　纵 73.2 cm　横 30.7 cm

Illustrations to the *Vimalakīrti-sūtra*

Five Dynasties, mid-10th century A.D.

Ink and colours on paper. H. 73.2 cm, W. 30.7 cm

Stein painting 31*. Ch. 0054

No. 011-1 维摩诘经变（局部 1）

No. 012 报恩经变

唐代（8世纪中叶～末叶）

绢本着色　纵 177.6 cm　横 121.0 cm

**Paradise of Śākyamuni, with Illustrations of Episodes
from the _Baoen-sūtra_**

Tang dynasty, mid-to late 8th century A.D.

Ink and colours on silk. H. 177.6 cm, W. 121.0 cm

Stein painting 12. Ch. liv. 004

No. 012-1 报恩经变(局部 1)

善友太子入海還父又大家一慈念天諸株其此寶王前此語而求願許善友即便受跪捉地七日不食大經其隆余不一夫人諫勸於王心即聽許

供養佛時諸法侵余本夫本表民

No. 013 报恩经变

唐代（9 世纪前半）

绢本着色　纵 168.0 cm　横 121.6 cm

**Paradise of Śākyamuni, with Illustrations of Episodes
from the *Baoen-sūtra***

Tang dynasty, first half of the 9th century A.D.

Ink and colours on silk. H. 168.0 cm, W. 121.6 cm

Stein painting 1. Ch. xxxviii. 004

No. 013-1 报恩经变(局部 1)

No. 013-2 报恩经变（局部 2）

No. 013-3 报恩经变（局部 3）

No. 014 父母恩重经变

北宋（10 世纪末）

绢本着色　纵 134.0 cm　横 102.0 cm

Ilustrations to the *Fumu Enzhong Jing*

Northern Song dynasty, late 10th century A.D.

Ink and colours on silk.　H. 134.0 cm, W. 102.0 cm

Stein painting 67 & 68. Ch. lii. 004, Ch. lxi. 008

No. 014-1 父母恩重经变(局部1)

共相語
嫌父毋
年高氣
力衰厄
終朝至
暮曽不
宗妻婦得他
私房屋室

男嫁學仕

史中□□□□□□
改父□□義□□
□□□□□高成

No. 014-2 父母恩重经变（局部 2）

No. 015 弥勒经变

唐代末期 ~ 五代初期（9 世纪末 ~ 10 世纪初）

绢本着色　纵 139.0 cm　横 116.0 cm

Paradise of Maitreya

Late Tang or early Five Dynasties, late 9th-early 10th century A.D.

Ink and colours on silk.　H. 139.0 cm, W. 116.0 cm

Stein painting 11. Ch. lviii. 001

No. 015-1 弥勒经变（局部 1）

No. 015-2 弥勒经变（局部 2）

No. 016 劳度叉斗圣变(残片)

唐代（9 世纪）

绢本着色　纵 63.5 cm　横 46.7 cm

Contest between Śārīputra and Raudrākṣa (fragment)

Tang dynasty, 9th century A.D.

Ink and colours on silk.　H. 63.5 cm, W. 46.7 cm

Stein painting 62. Ch. lv. 002

贰

佛像 佛传

No. 017 药师琉璃光佛像

五代（10 世纪初）

绢本着色　纵 72.5cm　横 55.5 cm

Bhaiṣajyaguru Vaiḍūryaprabha Buddha

Five Dynasties, early 10th century A.D.

Ink and colours on silk.　H. 72.5 cm, W. 55.5 cm

Stein painting 27. Ch. 00101

南无藥師瑠璃光佛

佛弟子節度押衙銀青光禄大夫守左邏衛將郎
浮檢校國子祭酒氣殿中侍御史張和榮一心供養
爾早達家卿無諸艱難

佛弟子志氏供養

No. 017-1 药师琉璃光佛像（局部 1）

佛弟子前度押衙銀青光祿大夫守左遷牛衛終郎
浮檢校國子祭酒兼殿中侍御史張和榮一心供養
願早達家鄉無諸苦難

No. 018 佛倚坐像

五代或北宋（10 世纪中叶～末期）

绢本着色　画芯部分：纵 64.6 cm　横 39.4 cm

Seated Buddha

Five Dynasties or Northern Song, mid-to late 10th century A.D.

Ink and colours on silk.　Painted area: H. 64.6 cm, W. 39.4 cm

Stein painting 30. Ch. xlvi. 009

No. 019 炽盛光佛及五星图

唐代 乾宁四年（897）

绢本着色 纵 80.4 cm 横 55.4 cm

Tejaprabha Buddha and the Five Planets

Tang dynasty, dated 4th year of Qianning (A.D. 897)

Ink and colours on silk. H. 80.4 cm, W. 55.4 cm

Stein painting 31. Ch. liv. 007

No. 019-1 炽盛光佛及五星图（局部 1）

唐代（8 世纪 ~ 9 世纪初）

绢本着色　纵 58.5 cm　横 18.5 cm

No. 020　佛传图（告别、剃发、苦行）

Scenes from the Life of the Buddha: the Farewell;

the Cutting of the Locks; the Life of Austerities

Tang dynasty, 8th-early 9th century A.D.

Ink and colours on silk.　H. 58.5 cm, W. 18.5 cm

Stein painting 97. Ch. lv. 0012

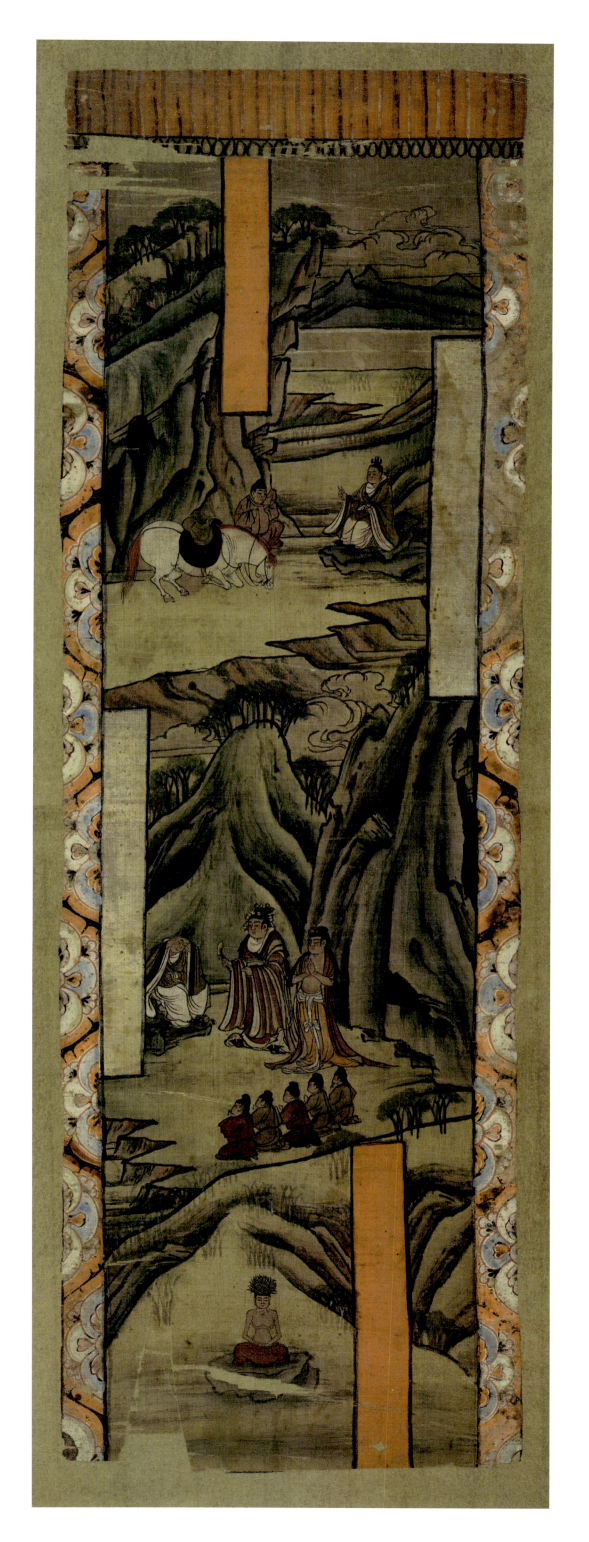

No. 021 佛传图（出游四门）

唐代（8 世纪 ~ 9 世纪初）

绢本着色　纵 37.5 cm　横 17.7 cm

Scenes from the Life of the Buddha: the Four Encounters: Old Age and Sickness

Tang dynasty, 8th or early 9th century A.D.

Ink and colours on silk. H. 37.5 cm, W. 17.7 cm

Stein painting 88. Ch. lv. 0016

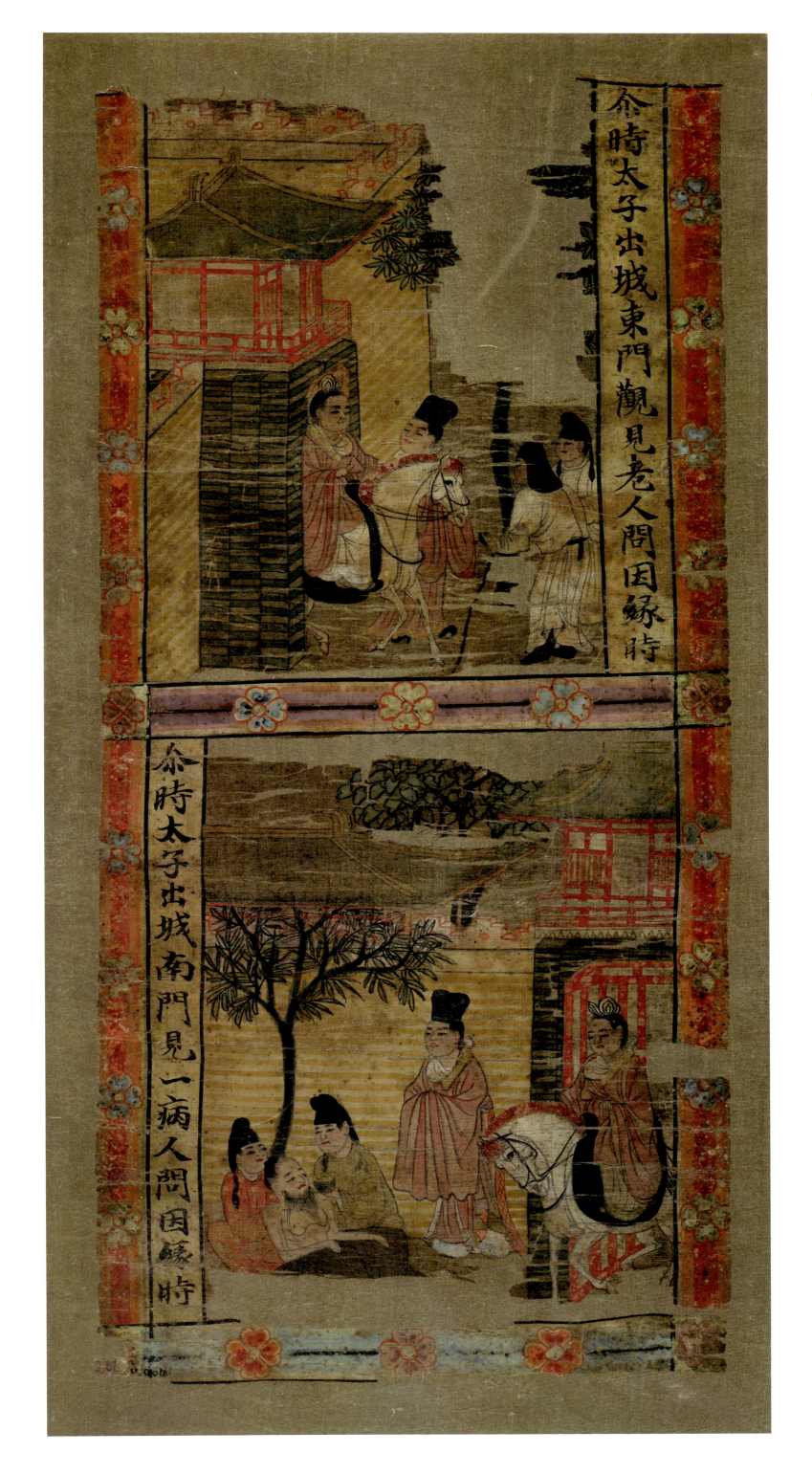

爾時太子出城東門觀見老人問因緣時

爾時太子出城南門見一病人問因緣時

No. 022 佛传图（搜索、报告）

唐代（9 世纪）

绢本着色　纵 77.5 cm　横 19.0 cm

Scenes from the Life of the Buddha: Śuddhodana dispatching a messenger;
the Search; the Return of the messenger

Tang dynasty, 9th century A.D.

Ink and colours on silk.　H. 77.5 cm, W. 19.0 cm

Stein painting 92. Ch. xx. 008

No. 023 佛传图（佛七宝、九龙灌顶、步步生莲）

唐代（9 世纪）

绢本着色　纵 65.5 cm　横 19.0 cm

Scenes from the Life of the Buddha: the Bath in the Lumbinī Garden and the First Steps, together with the Seven Treasures of the Cakravartin

Tang dynasty, 9th century A.D.

Ink and colours on silk. H. 65.5 cm, W. 19.0 cm

Stein painting 99. Ch. 00114

叁

菩萨像

No. 024　菩萨像

唐代（9 世纪末）

绢本着色　纵 81.5 cm　横 26.3 cm

Bodhisattva with Glass Bowl

Tang dynasty, late 9th century A.D.

Ink and colours on silk. H. 81.5 cm, W. 26.3 cm

Stein painting 139. Ch. 001

No. 025 菩萨像

唐代（9 世纪末）

绢本着色　纵 68.2 cm　横 19.0 cm

Bodhisattva with Censer

Tang dynasty, late 9th century A.D.

Ink and colours on silk.　H. 68.2 cm, W. 19.0 cm

Stein painting 125*. Ch. i. 005

No. 025-1　菩薩像（局部 1）

No. 026 菩萨像

唐代（9世纪末）

绢本着色　纵 61.5 cm　横 17.6 cm

Bodhisattva with Censer

Tang dynasty, late 9th century A.D.

Ink and colours on silk.　H. 61.5 cm, W. 17.6 cm

Stein painting 122. Ch. 0083

No. 027 菩萨像

唐代（9 世纪末）
绢本着色　纵 71.0 cm　横 17.5 cm

Bodhisattva with *Cintāmaṇi*

Tang dynasty, late 9th century A.D.
Ink and colours on silk.　H. 71.0 cm, W. 17.5 cm
Stein painting 136. Ch. lv. 0026

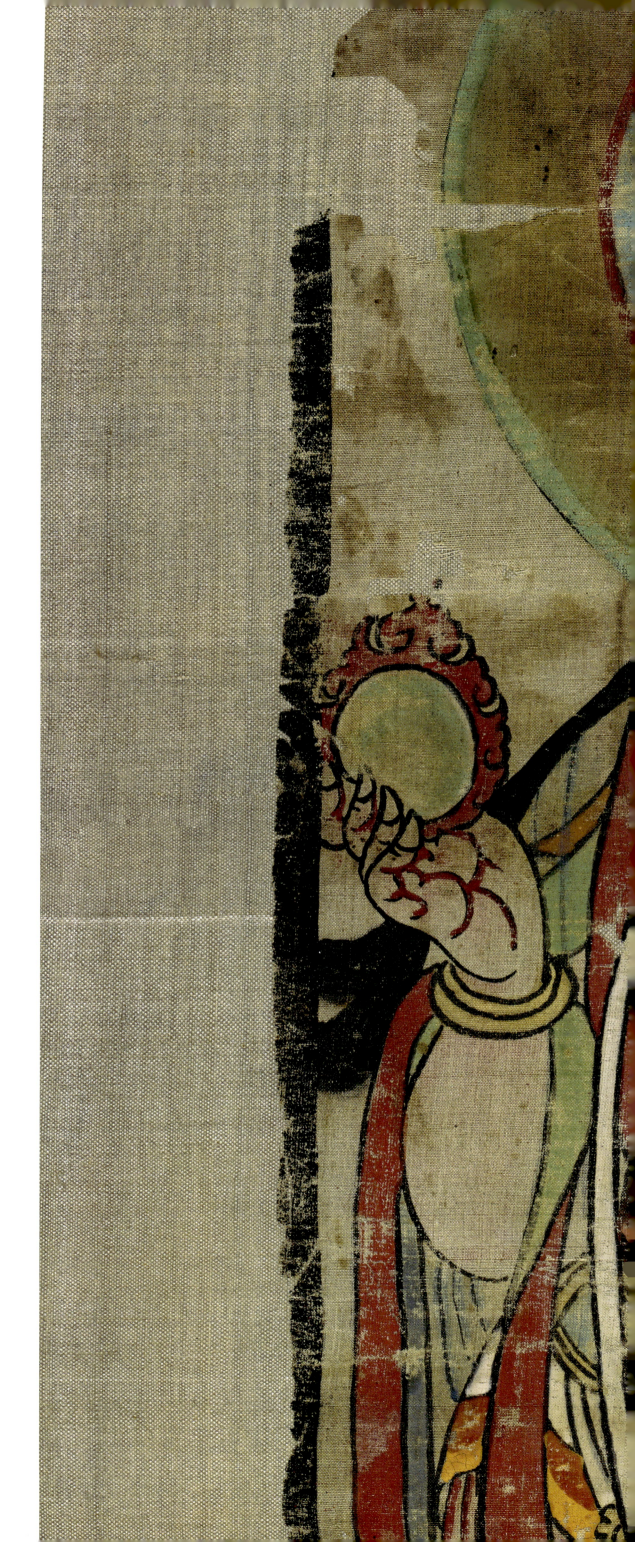

No. 027-1 菩萨像（局部 1）

No. 028 菩萨像

唐代（9 世纪末）

绢本着色　纵 65.0 cm　横 18.0 cm

Bodhisattva

Tang dynasty, late 9th century A.D.

Ink and colours on silk.　H. 65.0 cm, W. 18.0 cm

Stein painting 104. Ch. xlvi. 001

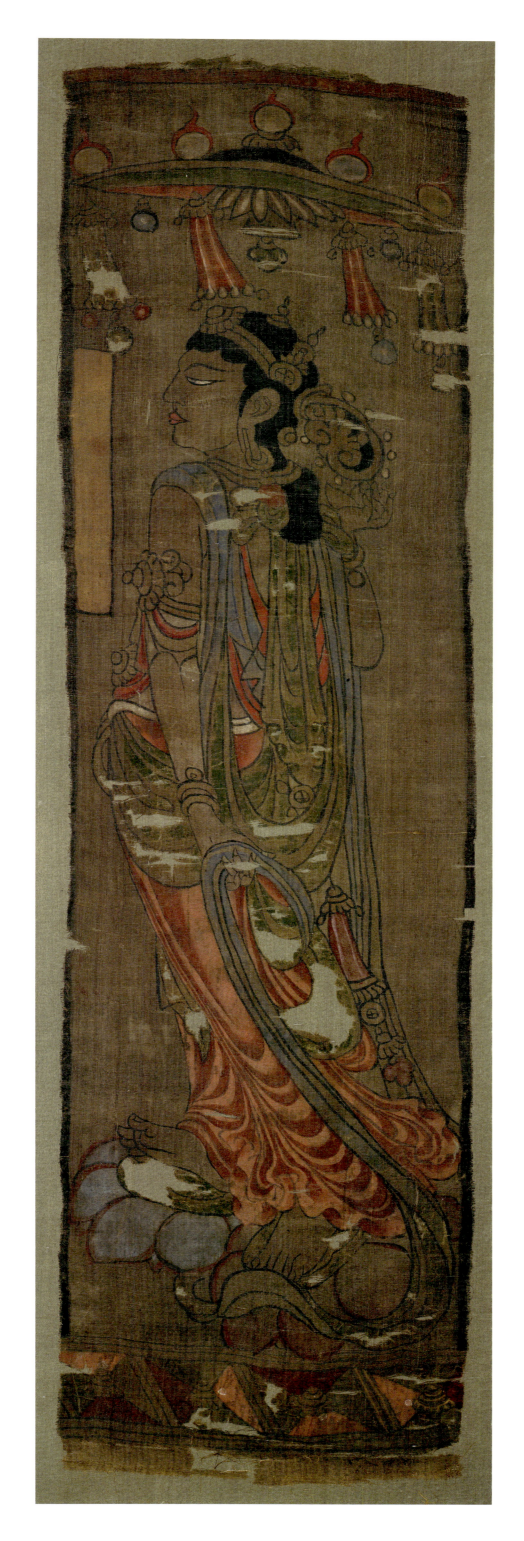

No. 029 菩萨像

唐代（9 世纪初）

绢本着色　纵 44.5 cm　横 14.5 cm

Bodhisattva

Tang dynasty, early 9th century A.D.

Ink and colours on silk.　H. 44.5 cm, W. 14.5 cm

Stein painting 101. Ch. lvi. 008

No. 030 菩萨像

唐代（9世纪初）

绢本着色　纵 51.0 cm　横 14.0 cm

Bodhisattva with Lotus

Tang dynasty, early 9th century A.D.

Ink and colours on silk.　H. 51.0 cm, W. 14.0 cm

Stein painting 102. Ch. lvi. 003

No. 031　菩萨像

唐代（9 世纪初～中叶）

绢本着色　纵 55.0 cm　横 14.5 cm

Bodhisattva

Tang dynasty, early to mid-9th century A.D.

Ink and colours on silk. H. 55.0 cm, W. 14.5 cm

Stein painting 103. Ch.lvi.002

No. 032 引路菩萨像

唐代（9世纪末）

绢本着色　纵 80.5 cm　横 53.8 cm

Bodhisattva as Guide of Souls

Tang dynasty, late 9th century A.D.

Ink and colours on silk.　H. 80.5 cm, W. 53.8 cm

Stein painting 47. Ch. lvii. 002

No. 033 引路菩萨像

五代（10 世纪初）

绢本着色　纵 84.8 cm　横 54.7 cm

Avalokiteśvara as Guide of Souls

Five Dynasties, early 10th century A.D.

Ink and colours on silk.　H. 84.8 cm, W. 54.7 cm

Stein painting 46. Ch. lvii.003

No. 033-1 引路菩萨像（局部 1）

No. 034 势至菩萨像

唐代（9 世纪末）

绢本着色　纵 76.5 cm　横 27.0 cm

Mahāsthāmaprāpta

Tang dynasty, late 9th century A.D.

Ink and colours on silk.　H. 76.5 cm, W. 27.0 cm

Stein painting 111. Ch. xxxiv. 001

No. 035 四观音文殊普贤图

唐代　咸通五年（864）

绢本着色　纵 140.7 cm　横 97.0 cm

Four manifestations of Avalokiteśvara, with Samantabhadra and Mañjuśrī

Tang dynasty, dated 5th year of Xiantong (A.D. 864)

Ink and colours on silk. H. 140.7 cm, W. 97.0 cm

Stein painting 5. Ch.lv.0023

大聖文殊與普賢菩薩

No. 035-3 四观音文殊普贤图（局部 3）

No. 035-4 四观音文殊普贤图（局部 4）

No. 036 普贤菩萨像

唐代（8 世纪末 ~ 9 世纪初）

绢本着色　纵 57.0 cm　横 18.5 cm

Samantabhadra Bodhisattva

Tang dynasty, late 8th-early 9th century A.D.

Ink and colours on silk. H. 57.0 cm, W. 18.5 cm

Stein painting 131. Ch.xlvi. 006

No. 037 文殊菩萨像

唐代（9 世纪）

绢本着色　纵 39.5 cm　横 14.5 cm

Mañjuśrī

Tang dynasty, 9th century A.D.

Ink and colours on silk.　H. 39.5 cm, W. 14.5 cm

Stein painting 137. Ch. xxvi. a. 007

No. 038 普贤菩萨出行图

唐代末期 ~ 五代初期（9 世纪末 ~ 10 世纪初）

绢本着色　纵 219.4 cm　横 115.2 cm

Procession of the Samantabhadra

Late Tang or early Five Dynasties, late 9th-early 10th century A.D.

Ink and colours on silk. H. 219.4 cm, W. 115.2 cm

Stein painting 33. Ch. xxxvii. 003

No. 038-1 普贤菩萨出行图（局部 1）

No. 038-2 普贤菩萨出行图（局部 2）

No. 039 文殊菩萨出行图

唐代末期 ~ 五代初期（9 世纪末 ~ 10 世纪初）

绢本着色　纵 218.7 cm　横 114.8 cm

Procession of the Mañjuśrī

Late Tang or early Five Dynasties, late 9th-early 10th century A.D.

Ink and colours on silk.　H. 218.7 cm, W. 114.8 cm

Stein painting 34. Ch. xxxvii. 005

No. 039-1 文殊菩萨出行图（局部 1）

No. 039-2 文殊菩萨出行图（局部 2）

No. 040 金藏菩萨像（金萨菩萨像）

五代（10 世纪初 ~ 中叶）

纸本着色　纵 50.5 cm　横 29.8 cm

Avalokiteśvara Holding a *Vajra*, Titled Jinzang Bodhisattva

Five Dynasties, early to mid-10th century A.D.

Ink and colours on paper. H. 50.5 cm, W. 29.8 cm

Stein painting 158. Ch. lviii. 009

金藏菩薩

No. 041 虚空藏菩萨像

唐代（9 世纪初 ~ 中叶）

纸本着色　纵 42.5 cm　横 26.0 cm

Bodhisattva (Ākāśagarbha?)

Tang dynasty, early to mid-9th century A.D.

Ink and colours on paper.　H. 42.5 cm, W. 26.0 cm

Stein painting 168*. Ch. 00377

No. 042 观世音菩萨像

唐代（9 世纪初 ~ 中叶）
纸本着色　纵 30.0 cm　横 26.0 cm

Avalokiteśvara

Tang dynasty, early to mid-9th century A.D.

Ink and colours on paper. H. 30.0 cm, W. 26.0 cm

Stein painting 160. Ch. 00401

No. 043 观世音菩萨像

唐代（8 世纪末 ~ 9 世纪中叶）

绢本着色　纵 119.5 cm　横 55.4 cm

Avalokiteśvara

Tang dynasty, late 8th-mid-9th century A.D.

Ink and colours on silk.　H. 119.5 cm, W. 55.4 cm

Stein painting 8. Ch. lvi. 0016

No. 044 二观世音菩萨像

唐代（9 世纪中叶）

绢本着色　纵 147.3 cm　横 105.3 cm

Two Avalokiteśvaras

Tang dynasty, mid-9th century A.D.

Ink and colours on silk. H. 147.3 cm, W. 105.3 cm

Stein painting 3. Ch. xxxviii. 005

No. 045 观世音菩萨像

唐代（9世纪中叶）

绢本着色　纵 101.6 cm　横 58.5 cm

Avalokiteśvara

Tang dynasty, mid-9th century A.D.

Ink and colours on silk. H. 101.6 cm, W. 58.5 cm

Stein painting 25. Ch. 0091

No. 046 观世音菩萨像

唐代（9世纪后半）

绢本着色　纵 148.3 cm　横 55.9 cm

Avalokiteśvara

Tang dynasty, second half of the 9th century A.D.

Ink and colours on silk. H. 148.3 cm, W. 55.9 cm

Stein painting 13. Ch. liii. 005

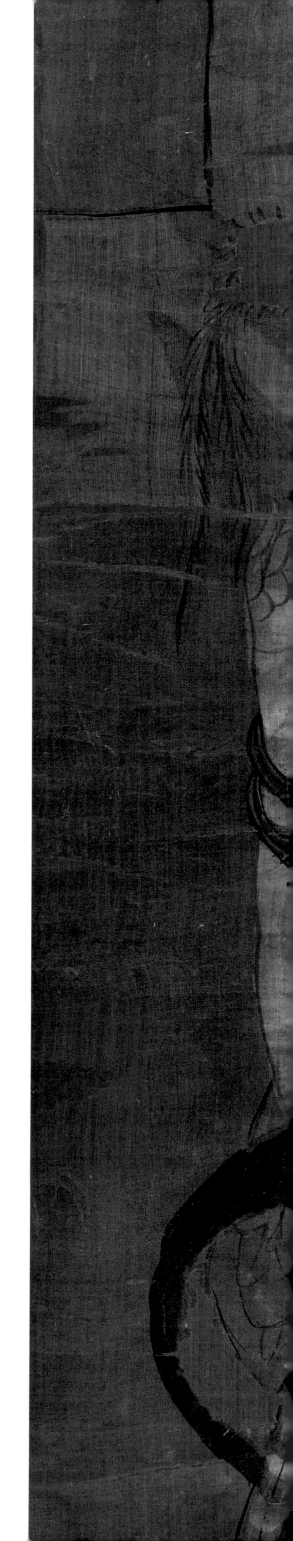

No. 046-1　观世音菩萨像（局部 1）

No. 047　观世音菩萨像

唐代（9 世纪后半）

绢本着色　纵 103.1 cm　横 71.2 cm

Avalokiteśvara

Tang dynasty, second half of the 9th century A.D.

Ink and colours on silk. H. 103.1 cm, W. 71.2 cm

Stein painting 22. Ch. 0088

No. 048 观世音菩萨像

唐代（9 世纪后半）

绢本着色　纵 74.7 cm　横 55.5 cm

Avalokiteśvara

Tang dynasty, second half of the 9th century A.D.

Ink and colours on silk. H. 74.7 cm, W. 55.5 cm

Stein painting 21. Ch. xxxvi. 001

No. 048-1 观世音菩萨像(局部 1)

No. 049 观世音菩萨像

唐代（9世纪末）

绢本着色　纵 56.5 cm　横 16.5 cm

Avalokiteśvara

Tang dynasty, late 9th century A.D.

Ink and colours on silk. H. 56.5 cm, W. 16.5 cm

Stein painting 124. Ch. 00113

No. 050 观世音菩萨像

唐代（9 世纪）

绢本着色　纵 46.0 cm　横 18.0 cm

Avalokiteśvara

Tang dynasty, 9th century A.D.

Ink and colours on silk. H. 46.0 cm, W. 18.0 cm

Stein painting 130. Ch. lv. 0032

No. 051 救苦观世音菩萨像

唐代　大顺三年（892）

绢本着色　纵（含边）83.3 cm　横（含边）63.1 cm

Avalokiteśvara as Succourer in Trouble

Tang dynasty, dated 3rd year of Dashun (A.D. 892)

Ink and colours on silk. H. 83.3 cm (including border), W. 63.1 cm (including border)

Stein painting 28*. Ch. xx. 005

奉爲三官法律

開科教繪救苦

觀世音菩薩一軀

永元洪養

洪養

和孝

No. 051-1 救苦觀世音菩薩像（局部 1）

No. 052 观世音菩萨像

唐代（9 世纪）

绢本着色　纵（含边）57.5 cm　横（含边）38.1 cm

Avalokiteśvara

Tang dynasty, 9th century A.D.

Ink and colours on silk. H. 57.5 cm (including border), W. 38.1 cm (including border)

Stein painting 7. Ch. xviii. 003

No. 053 观世音菩萨像

唐代末期～五代初期（9世纪末～10世纪初）

麻布着色 全图（含边）：纵 139.0 cm 横 66.0 cm

画芯部分：纵 130.0 cm 横 50.0 cm

Avalokiteśvara

Late Tang or early Five Dynasties, late 9th-early 10th century A.D.

Ink and colours on hemp cloth. Full area (including border): H. 139.0 cm, W. 66.0 cm

Painted area: H. 130.0 cm, W. 50.0 cm

Stein painting 201. Ch. lv. 0035

No. 054 观世音菩萨像

五代 天复十年（910）

绢本着色 纵 77.0 cm 横 48.9 cm

Avalokiteśvara

Five Dynasties, but dated 10th year of Tianfu (the penultimate reign of Tang) (A.D. 910)

Ink and colours on silk. H. 77.0 cm, W. 48.9 cm

Stein painting 14. Ch. liv. 006

No. 055 观世音菩萨和供养人像

北宋 开宝四年壬申（应为开宝五年：972）

绢本着色 全图（含边）：纵 103.0 cm　横 69.0 cm

画芯部分：纵 91.5 cm　横 59.1 cm

Avalokiteśvara with Donors

Northern Song dynasty, dated 4th (*recte* 5th) year of Kaibao, *renshen* (A.D. 972)

Ink and colours on silk. Full area (including border): H. 103.0 cm, W. 69.0 cm

Painted area: H. 91.5 cm, W. 59.1 cm

Stein painting 52. Ch. 00167

南无观音

南无大势至菩萨

No. 056 观世音菩萨和供养人像

北宋 太平兴国八年（983）

绢本着色 全图（含边）：纵 102.0 cm　横 75.5 cm

画芯部分：纵 99.0 cm　横 59.5 cm

Avalokiteśvara with Donors

Northern Song dynasty, dated 8th year of Taipingxingguo (A.D. 983)

Ink and colours on silk. Full area (including border): H. 102.0 cm, W. 75.5 cm

Painted area: H. 99.0 cm, W. 59.5 cm

Stein painting 54. Ch. lvii. 004

No. 057 水月观音像

五代（10 世纪中叶）

纸本着色　纵 82.9 cm　横 29.6 cm

Avalokiteśvara (Water-moon Guanyin)

Five Dynasties, mid-10th century A.D.

Ink and colours on paper.　H. 82.9 cm, W. 29.6 cm

Stein painting 15. Ch. i. 009

No. 058 水月观音像

五代或北宋（10 世纪中叶 ~ 末期）

绢本着色　纵 70.5 cm　横 55.0 cm

Avalokiteśvara (Water-moon Guanyin)

Five Dynasties or Northern Song, mid- to late 10th century A.D.

Ink and colours on silk.　H. 70.5 cm, W. 55.0 cm

Stein painting 29. Ch. lvi. 0015

No. 059 观音经变

五代（10 世纪中叶）

绢本着色　纵 86.2 cm　横 54.1 cm

Illustrations of the Avalokiteśvara Sūtra

Five Dynasties, mid-10th century A.D.

Ink and colours on silk.　H. 86.2 cm, W. 54.1 cm

Stein painting 28. Ch. lvii. 001

No. 060 观音经变

五代或北宋（10 世纪中叶～末期）

绢本着色　纵 84.4 cm　横 61.7 cm

Illustrations of the Avalokiteśvara Sūtra

Five Dynasties or Northern Song, mid-to late 10th century A.D.

Ink and colours on silk. H. 84.4 cm, W. 61.7 cm

Stein painting 2. Ch. xl. 008

No. 061 观音经变

北宋 建隆四年（963）

绢本着色 纵 107.0 cm 横 61.5 cm

Illustrations of the Avalokiteśvara Sūtra

Northern Song dynasty, dated 4th year of Jianlong (A.D. 963)

Ink and colours on silk. H. 107.0 cm, W. 61.5 cm

Stein painting 24. Ch. xxi. 001

No. 062 千手千眼观世音菩萨像

唐代（8 世纪 ~ 9 世纪初）

绢本着色　纵 79.3 cm　横 62.0 cm

Thousand-armed, Thousand-eyed Avalokiteśvara

Tang dynasty, 8th-early 9th century A.D.

Ink and colours on silk.　H. 79.3 cm, W. 62.0 cm

Stein painting 17. Ch. xxxiii. 002

No. 063 千手千眼观世音菩萨像

唐代（8 世纪末 ~ 9 世纪初）

麻布着色　纵 101.0 cm　横 102.5 cm

Thousand-armed, Thousand-eyed Avalokiteśvara

Tany dynasty, late 8th-early 9th century A.D.

Ink and colours on hemp cloth. H.101.0 cm, W.102.5 cm

Stein Painting 199. Ch.xxi.006

No. 063-1 千手千眼观世音菩萨像（局部 1）

No. 064 千手千眼观世音菩萨像

唐代（9世纪初前半）

绢本着色　纵 222.5 cm　横 167.0 cm

Thousand-armed, Thousand-eyed Avalokiteśvara

Tang dynasty, first half of the 9th century A.D.

Ink and colours on silk. H. 222.5 cm, W. 167.0 cm

Stein painting 35. Ch. lvi. 0019

No. 064-1　千手千眼观世音菩萨像（局部 1）

No. 065 千手千眼观世音菩萨像

五代（10 世纪）

纸本着色　纵 40.0 cm　横 29.5 cm

Thousand-armed, Thousand-eyed Avalokiteśvara

Five Dynasties, 10th century A.D.

Ink and colours on paper.　H. 40.0 cm, W. 29.5 cm

Stein painting 167. Ch. xl. 007

No. 066 如意轮观音菩萨像

唐代（9 世纪后半）

绢本着色　纵 111.0 cm　横 74.5 cm

Cintāmaṇicakra

Tang dynasty, second half of the 9th century A.D.

Ink and colours on silk. H. 111.0 cm, W. 74.5 cm

Stein painting 10. Ch. xxvi. 001

No. 067 如意轮观音菩萨像

唐代（9 世纪）

绢本着色　纵 140.0 cm　横 125.0 cm

Cintāmaṇicakra

Tang dynasty, 9th century A.D.

Ink and colours on silk. H. 140.0 cm, W. 125.0 cm

Stein painting 61. Ch. lv. 003

No. 068 十一面观音菩萨像

五代 后周显德丁巳（957）

绢本着色 纵 90.0 cm 横 60.5 cm

Eleven-headed Avalokiteśvara

Five Dynasties, dated the *dingsi* year of Xiande (A.D. 957)

Ink and colours on silk. H. 90.0 cm, W. 60.5 cm

Stein painting 65. Ch. xlvi. 0013

No. 068-1　十一面观音菩萨像
（局部 1）

No. 069 十一面观音菩萨像

北宋（10 世纪末）

绢本着色　纵 97.0 cm　横 74.3 cm

Eleven-headed Avalokiteśvara

Northern Song dynasty, late 10th century A.D.

Ink and colours on silk.　H. 97.0 cm, W. 74.3 cm

Stein painting 63. Ch. 00102

No. 069-1 十一面观音菩萨像
（局部 1）

No. 070 地藏菩萨像

唐代（9世纪后半）

绢本着色　纵 90.2 cm　横 27.3 cm

Kṣitigarbha

Tang dynasty, second half of the 9th century A.D.

Ink and colours on silk.　H. 90.2 cm, W. 27.3 cm

Stein painting 119. Ch. xxiv. 004

No. 071 地藏菩萨像

唐代（9 世纪）

绢本着色　纵 58.0 cm　横 18.5 cm

Kṣitigarbha

Tang dynasty, 9th century A.D.

Ink and colours on silk.　H. 58.0 cm, W. 18.5 cm

Stein painting 125. Ch. i. 003

No. 072 地藏菩萨像

唐代（9 世纪）

绢本着色　纵 63.7 cm　横 17.0 cm

Kşitigarbha

Tang dynasty, 9th century A.D.

Ink and colours on silk. H. 63.7 cm, W. 17.0 cm

Stein painting 118. Ch. lxi. 004

No. 073 地藏菩萨像

唐代末期或五代初期（9 世纪末 ~ 10 世纪初）

绢本着色　纵 123.6 cm　横 54.5 cm

Kṣitigarbha

Late Tang or early Five Dynasties, late 9th-early 10th century A.D.

Ink and colours on silk

H. 123.6 cm, W. 54.5 cm

Stein painting 29*. Ch. lvi. 0017

No. 074 地藏菩萨像

五代（10 世纪初）

绢本着色　纵（含边）55.5 cm　横（含边）39.8 cm

Kṣitigarbha

Five Dynasties, early 10th century A.D.

Ink and colours on silk. H. 55.5 cm (including border), W. 39.8 cm (including border)

Stein painting 4. Ch. 0084

No. 075 地藏十王图

五代（10 世纪中叶）

绢本着色 画芯部分：纵 91.0 cm 横 65.5 cm

Kşitigarbha with the Ten Kings of Hell

Five Dynasties, mid-10th century A.D.

Ink and colours on silk. Painted area: H. 91.0 cm, W. 65.5 cm

Stein painting 23. Ch. 0021

No. 076 地藏菩萨及六道图

北宋 建隆四年（963）

绢本着色 画芯部分：纵 56.1 cm 横 51.5 cm

Kṣitigarbha as Lord of the Six Ways

Northern Song dynasty, dated 4th year of Jianlong (A.D. 963)

Ink and colours on silk. Painted area: H. 56.1 cm, W. 51.5 cm

Stein painting 19. Ch. lviii. 003

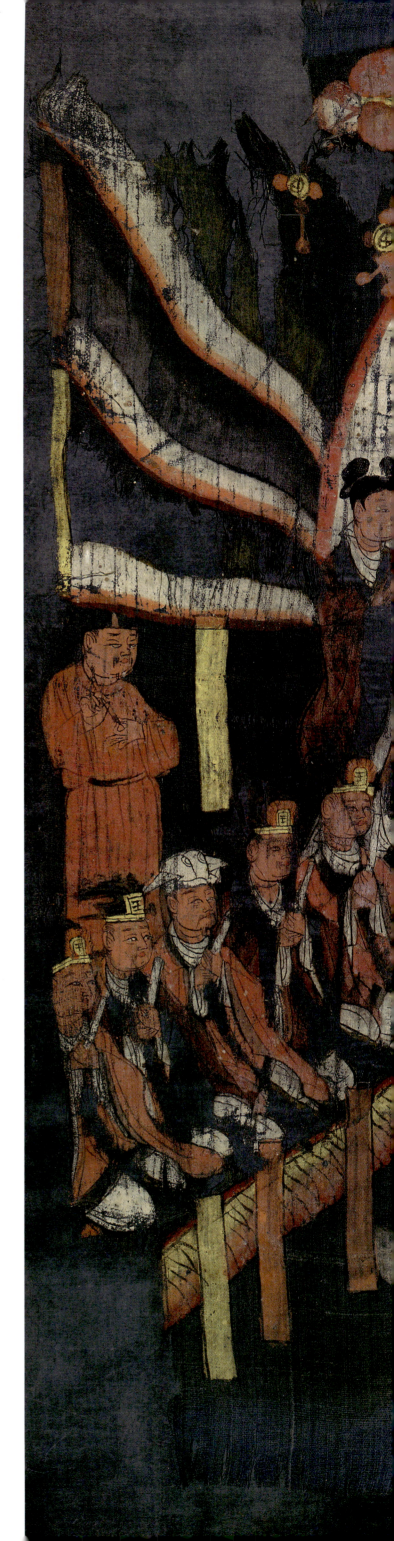

No. 077 地藏十王图

五代（10 世纪中叶）

绢本着色　纵 48.1 cm　横 44.1 cm

Kṣitigarbha with the Ten Kings of Hell

Five Dynasties, mid-10th century A.D.

Ink and colours and gold on silk.　H. 48.1 cm, W. 44.1 cm

Stein painting 9. Ch. lxi. 009

No. 078 十王图画卷

五代（10 世纪）

纸本着色　纵 27.8 cm　长 240.0 cm

Illustrations to the Ten Kings Sutra

Five Dynasties, 10th century A.D.

Ink and colours on paper. H. 27.8 cm, L. 240.0 cm

Stein painting 80. Ch. c ⅱ . 001

No. 079 地藏十王图

五代（10 世纪）

纸本着色　纵 30.0 cm　横 56.0 cm

Kṣitigarbha with the Ten Kings of Hell

Five Dynasties, 10th century A.D.

Ink and colours on paper. H. 30.0 cm, W. 56.0 cm

Stein painting 78. Ch. 00404

肆

天王 力士 高僧

No. 080 天王像

唐代（8 世纪末 ~ 9 世纪初）

绢本着色　纵 60.0 cm　横 18.5 cm

Lokapāla

Tang dynasty, late 8th or early 9th century A.D.

Ink and colours on silk.　H. 60.0 cm, W. 18.5 cm

Stein painting 126. Ch. 0095

No. 081 持国天王像

唐代（9 世纪末）

绢本着色　纵 61.0 cm　横 18.0 cm

Dhṛtarāṣṭra, Guardian of the East

Tang dynasty, late 9th century A.D.

Ink and colours on silk.　H. 61.0 cm, W. 18.0 cm

Stein painting 107. Ch. lv. 0017

No. 082　多闻天王像

唐代（9 世纪）

绢本着色　纵 50.5 cm　横 17.5 cm

Vaiśravaṇa, Guardian of the North

Tang dynasty, 9th century A.D.

Ink and colours on silk.　H. 50.5 cm, W. 17.5 cm

Stein painting 138. Ch. lv. 0018

No. 082-1 多闻天王像（局部 1）

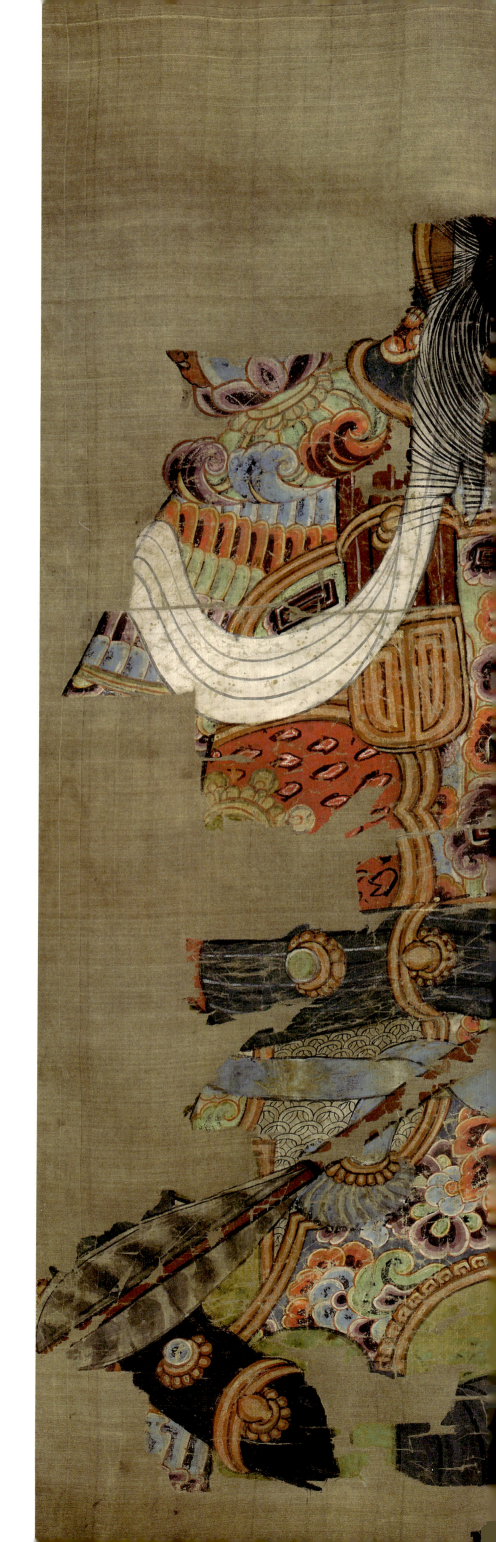

No. 083 天王像（断片）

唐代（9世纪）

绢本着色　纵 63.0 cm　横 67.0 cm

Lokapāla (fragment)

Tang dynasty, 9th century A.D.

Ink and colours on silk.　H. 63.0 cm, W. 67.0 cm

Stein painting 69. Ch. liv. 003

No. 084 广目天王像

唐代（9 世纪）

绢本着色　纵 64.5 cm　横 17.5 cm

Virūpākṣa, Guardian of the West

Tang dynasty, 9th century A.D.

Ink and colours on silk.　H. 64.5 cm, W. 17.5 cm

Stein painting 108. Ch. 0010

No. 085 持国天王像

唐代（9 世纪）

绢本着色　纵 40.5 cm　横 15.5 cm

Dhṛtarāṣṭra, Guardian of the East

Tang dynasty, 9th century A.D.

Ink and colours on silk.　H. 40.5 cm, W. 15.5 cm

Stein painting 129. Ch. xxvi. a. 006

No. 086 广目天王像

唐代（9 世纪）

绢本着色　纵 43.5 cm　横 18.0 cm

Virūpākṣa, Guardian of the West

Tang dynasty, 9th century A.D.

Ink and colours on silk.　H. 43.5 cm, W. 18.0 cm

Stein painting 137*. Ch. 0035

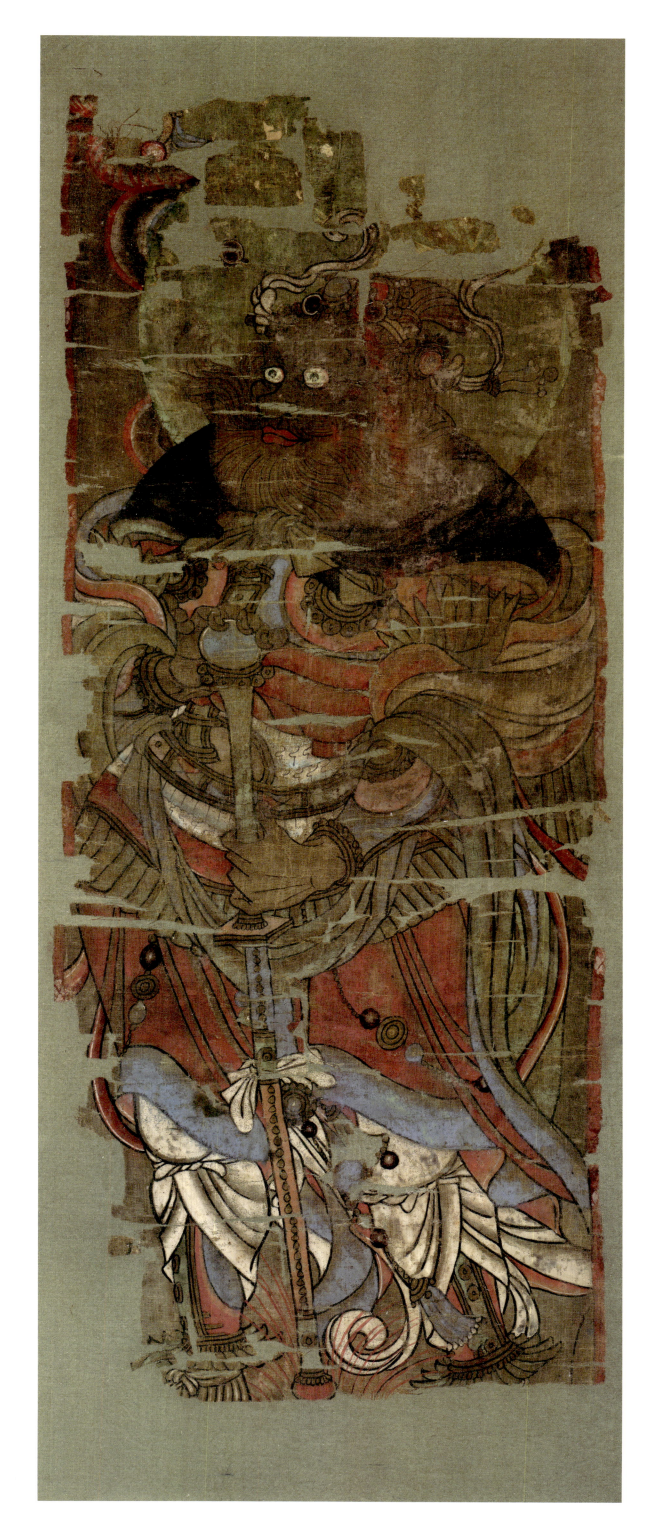

No. 087 广目天王像

唐代（9 世纪）

绢本着色　纵 45.5 cm　横 16.0 cm

Virūpākṣa, Guardian of the West

Tang dynasty, 9th century A.D.

Ink and colours on silk.　H. 45.5 cm, W. 16.0 cm

Stein painting 106. Ch. xlix. 007

No. 088 行道天王图

唐代（9 世纪）

绢本着色　纵 37.6 cm　横 26.6 cm

Vaiśravaṇa on His Way across the Waters

Tang dynasty, 9th century A.D.

Ink and colours on silk.　H. 37.6 cm, W. 26.6 cm

Stein painting 45. Ch. 0018

No. 089 行道天王图

五代（10 世纪中叶）

绢本着色　画芯部分：纵 61.8 cm　横 57.4 cm

Vaiśravaṇa Riding across the Waters

Five Dynasties, mid-10th century A.D.

Ink and colours on silk.　Painted area: H. 61.8 cm, W. 57.4 cm

Stein painting 26. Ch. xxxvii. 002

No. 090　乌枢沙摩明王

五代（10 世纪）

纸本着色　纵 80.7 cm　横 30.8 cm

Ucchuṣma

Five Dynasties, 10th century A.D.

Ink and colours on paper.　H. 80.7 cm, W. 30.8 cm

Stein painting 40. Ch. i. 0023

No. 091 那罗延天

唐代（9 世纪末）

纸本着色　纵 46.0 cm　横 31.3 cm

Nārāyaṇa

Tang dynasty, late 9th century A.D.

Ink and colours on paper. H. 46.0 cm, W. 31.3 cm

Stein painting 166. Ch. 00162

No. 092 摩醯首罗天

唐代或五代（9 世纪末 ~ 10 世纪初）

纸本着色　纵 47.0 cm　横 32.0 cm

Maheśvara

Tang or Five Dynasties, late 9th-early 10th century A.D.

Ink and colours on paper.　H. 47.0 cm, W. 32.0 cm

Stein painting 161. Ch. xvii. 002

No. 093　金刚力士像

唐代（9世纪末）

绢本着色　纵 79.5 cm　横 25.5 cm

Vajrapāṇi

Tang dynasty, late 9th century A.D.

Ink and colours on silk.　H. 79.5 cm, W. 25.5 cm

Stein painting 132. Ch. xxiv. 002

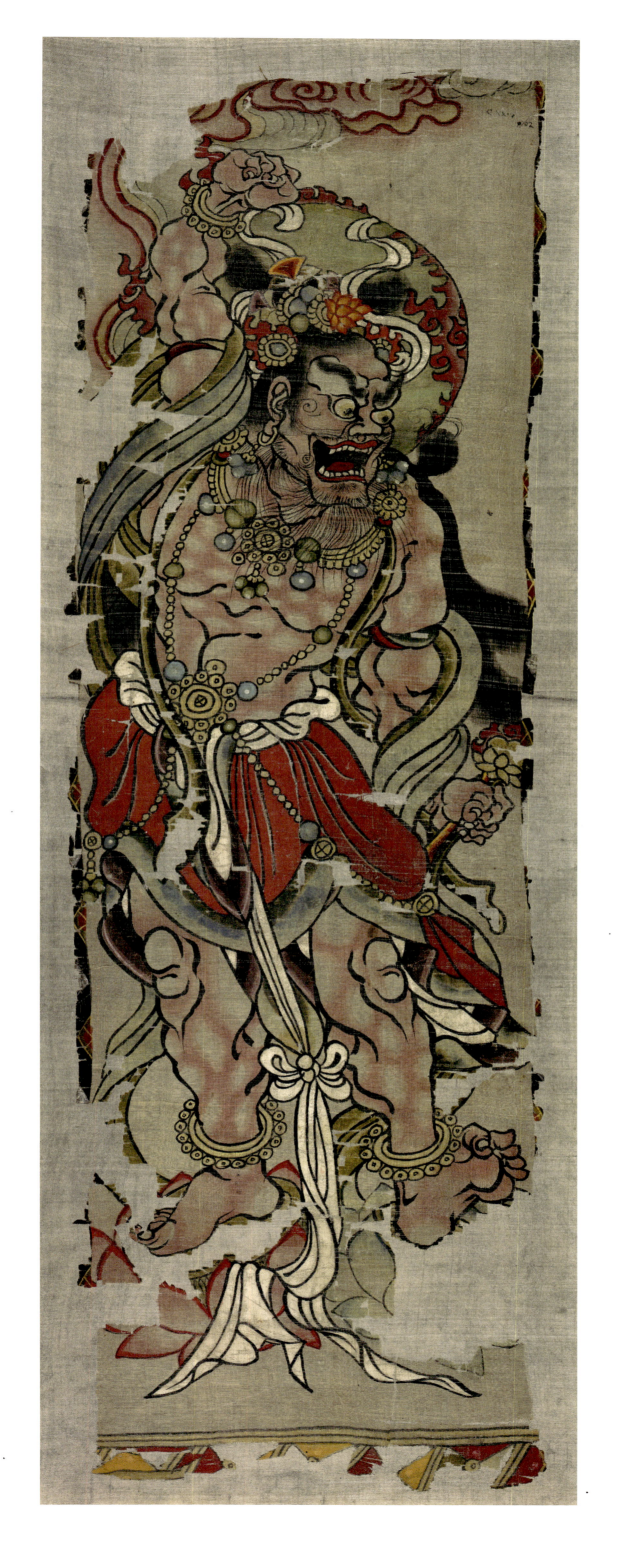

No. 093-1　金剛力士像（局部 1）

No. 094 金刚力士像

唐代（9 世纪末）

绢本着色　纵 64.0 cm　横 18.5 cm

Vajrapāṇi

Tang dynasty, late 9th century A.D.

Ink and colours on silk. H. 64.0 cm, W. 18.5 cm

Stein painting 123. Ch. xxvi. a. 005

No. 095 金刚力士像

唐代（9世纪末）

纸本墨画　纵 21.5 cm　横 29.0 cm

Vajrapāṇi

Tang dynasty, late 9th century A.D.

Ink on paper. H. 21.5 cm, W. 29.0 cm

Stein painting 158*. Ch. 00156

No. 096 迦理迦尊者像

唐代（9 世纪初 ~ 中叶）

纸本着色　纵 43.5 cm　横 26.0 cm

The Arhat Kālika

Tang dynasty, early to mid-9th century A.D.

Ink and colours on paper.　H. 43.5 cm, W. 26.0 cm

Stein painting 169*. Ch. 00376

No. 097 行脚僧像

唐代（9 世纪末）

纸本着色　纵 41.0 cm　横 29.8 cm

Travelling Monk

Tang dynasty, late 9th century A.D.

Ink and colours on paper. H. 41.0 cm, W. 29.8 cm

Stein painting 168. Ch. 00380

No. 098 高僧像

唐代（9 世纪末 ~ 10 世纪初）

纸本墨画　纵 46.0 cm　横 30.0 cm

Portrait of a Monk

Tang dynasty, late 9th-early 10th century A.D.

Ink on paper.　H. 46.0 cm, W. 30.0 cm

Stein painting 163. Ch. 00145

伍

曼荼罗及其他

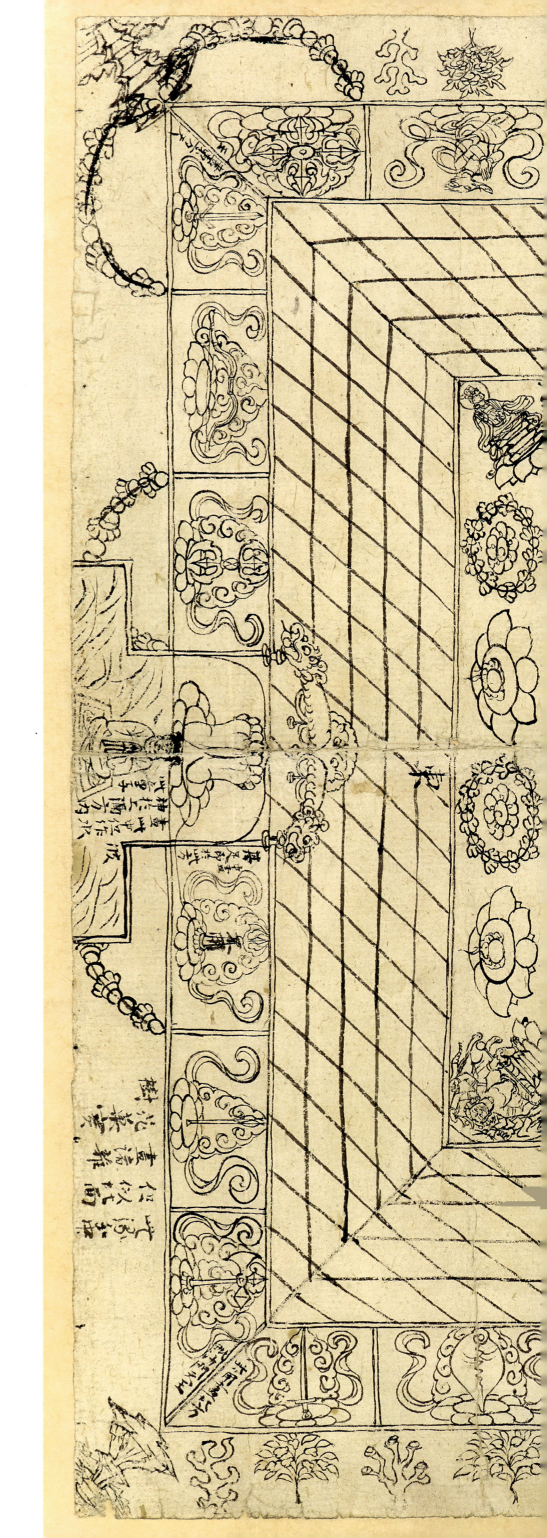

No. 099 曼荼罗

五代（10世纪）

纸本墨画　纵58.5 cm　横57.5 cm

Mandala

Five Dynasties, 10th century A.D.

Ink on paper. H. 58.5 cm, W. 57.5 cm

Stein painting 172. Ch. 00189

No. 100 四印曼荼罗

五代（10 世纪）

纸本墨画　纵 44.8 cm　横 43.2 cm

The Caturmudrā Mandala

Five Dynasties, 10th century A.D.

Ink on paper. H. 44.8 cm, W. 43.2 cm

Stein painting 173. Ch. 00428

No. 101 大随求陀罗尼轮曼荼罗

北宋 太平兴国五年（980）

纸·木版墨刷 画芯部分：纵 41.7 cm 横 30.3 cm

**Ritual Print with Eight-armed Figure Surrounded by a *Dhāraṇī* in Sanskrit
and with the Text of the Da Sui Qiu Tuoluoni in Chinese**

Northern Song dynasty, dated 5th year of Taipingxingguo (A.D. 980)

Woodblock print, ink on paper with Sanskrit letters overprinted on the lotus medallions

Printed area: H. 41.7 cm, W. 30.3 cm

Stein painting 249. Ch. xliii. 004, Cf. Pelliot sanscrit T.H. 2, Bibliothèque Nationale

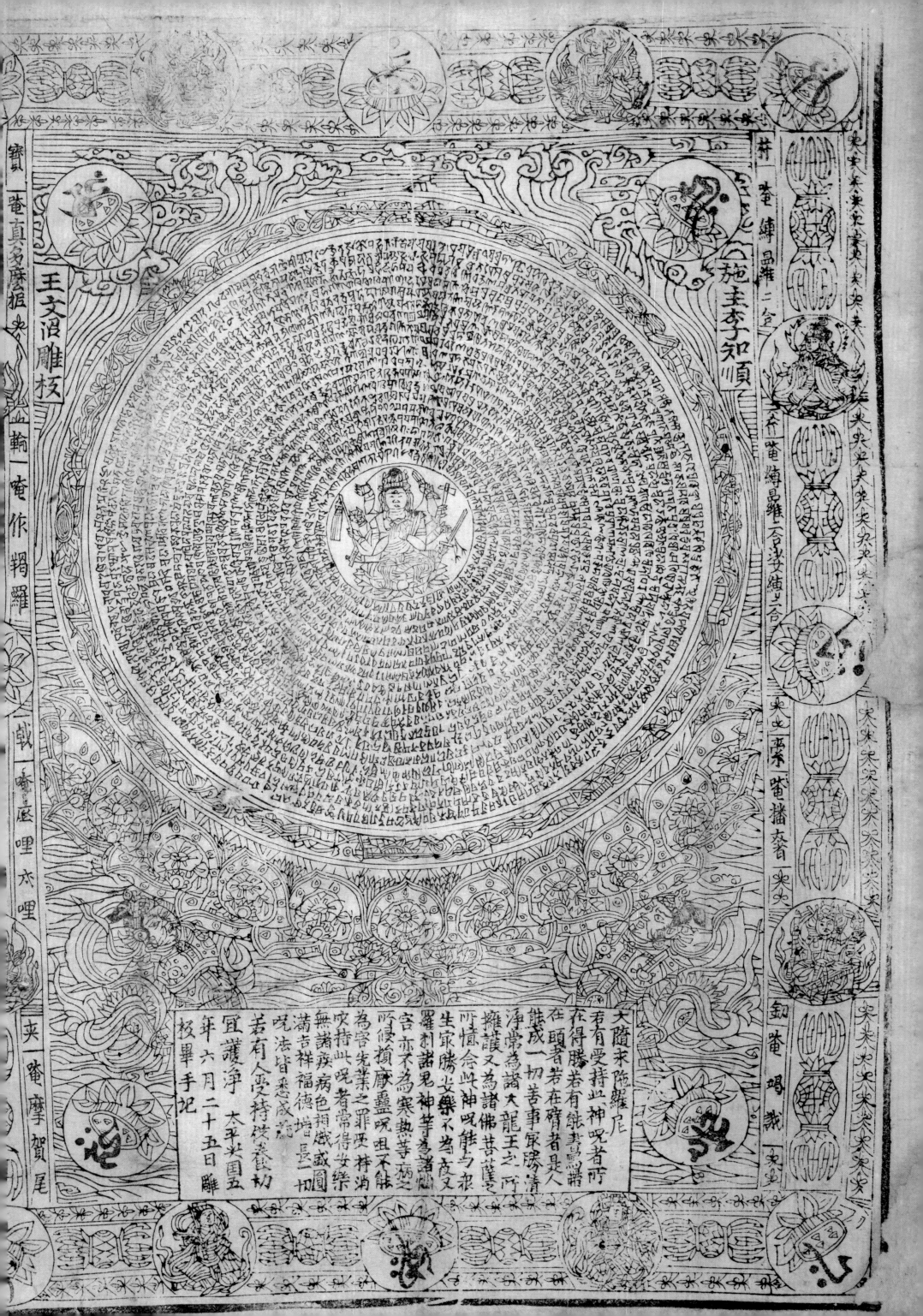

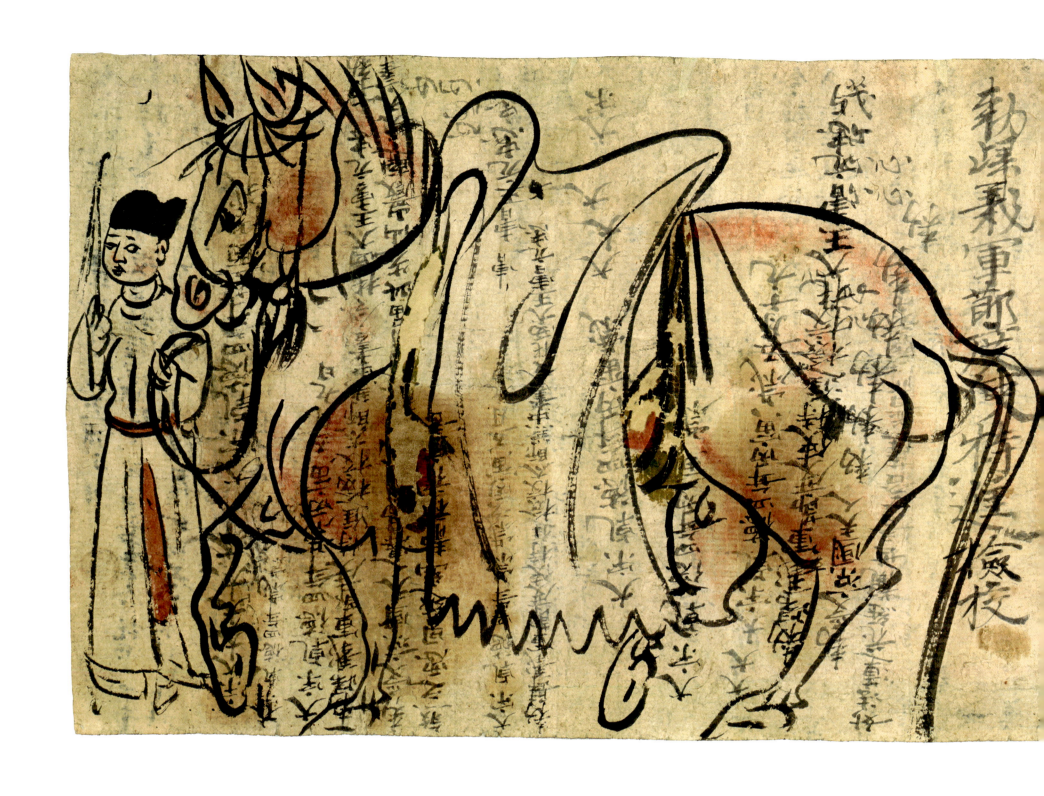

No. 102 马驼图

五代（10 世纪）

纸本墨画淡彩　纵 30.5 cm　横 84.5 cm

Horse and Camel

Five Dynasties, 10th century A.D.

Ink and colours on paper. H. 30.5 cm, W. 84.5 cm

Stein painting 77. Ch. 00207

No. 103 狮子图

唐代（9 世纪末）

纸本墨画　纵 29.8 cm　横 42.8 cm

Sketch of a Lion

Tang dynasty, late 9th century A.D.

Ink on paper.　H. 29.8 cm, W. 42.8 cm

Stein painting 169. Ch. 00147

图版说明

撰稿：武琼芳　赵声良　刘刚

壹　说法图 经变画

No.001 刺绣凉州瑞像图

这是一幅长方形巨型刺绣，是敦煌藏经洞发现的最优秀的作品之一，以前曾被定名为"灵鹫山释迦说法图"，后来经学者研究，确定为"凉州瑞像"。凉州瑞像的故事源自十六国时期高僧刘萨诃，他曾预言凉州番禾郡东北的御谷山间会出现石佛像，若是太平盛世，佛头安然无恙；若社会动乱，佛头便会落下。后来均一一应验。唐代以后渐渐出现了关于凉州瑞像的绘画和雕塑。莫高窟第203窟西龛的主尊便是凉州瑞像。

刺绣的主体由一佛二菩萨二弟子五身立像构成。中央为站在斑驳岩石之前的佛陀，身披红色袒右袈裟，右臂笔直垂向地面，左手横握袈裟抬于胸前，跣足立于莲座之上，这是"凉州瑞像"的重要特征。莲座两侧各蹲着一身白色狮子。佛的身后有背光和头光装饰，头部上方则是一蓝色华盖，华盖两侧各有一飞天乘祥云飞下。佛陀两侧各有一身佛弟子、一身菩萨，他们都赤脚站立于莲花宝座之上。菩萨基本保持完好，站立的位置比弟子略低。这种布局格式体现出一定的空间纵深感。但佛弟子身体部分已残缺。佛足下是一块长方形空白榜题框，曾经应为题写发愿文处。榜题框两侧分别有跪姿男女供养人各一组。此幅刺绣主要使用了自北朝至盛唐间十分流行的劈针针法，为了使刺绣牢固，使用了两层绣地——本色绢背衬以本色麻布。

绣品左下部是一组女供养人像，均面向中央跪于方毯之上。她们均头梳高髻，身穿窄袖衫，外罩半臂，身系各色长裙。跪在最前面的贵妇双手拢于长袖中，姿态虔诚；第二位双手合于胸前持长茎莲蕾；第三排有两位贵妇，里面一身旁边还跪有一男童，仅有半人高，着窄袖袍，剃光的头顶只有中间一撮头发扎高髻，姿态天真而虔诚。她们身后一位身穿袍服的侍女手持拂尘而立。女供养人榜题文字已失。

绣品右下部是一组男供养人像。最前面是一位身着褐色袈裟跪于方毯之上的僧人。僧人身后榜题可见部分文字："……王□□一心供养。"一位男供养人双手合十，跪于方毯之上，表现出慈眉善目特点，特别是胡须刻画得十分细致。他身后跪着两位男供养人，外侧一位双手拢于袖中，内侧一位双手于胸前合十。这三位男供养人均头戴黑色幞头，身着淡青色圆领窄袖袍，腰系黑色蹀躞带，腰侧还别着一柄形似短刀之物。在他们身后，一位男性侍者身着浅黄色圆领窄袖袍，脚穿黑色短靴，持物虔诚而立。

No.002 树下说法图

这是敦煌莫高窟藏经洞窟出土绘画品中时代较早的绢画作品。图中阿弥陀佛结跏趺坐于莲花宝座之上，身后是两株菩提树，上部有华盖。两侧分别有观音菩萨和大势至菩萨，在两位大菩萨前又各有一供养菩萨坐于莲台上。两位大菩萨身后各有三位佛弟子。画面右上角还保存一身姿态轻盈的飞天，左上角已残损。

画面中佛、菩萨及弟子的面部及肌肤部分的描绘，采用西域式晕染法表现出立体感。人物面部以朱红晕染，低处深而暗，高处浅而明，鼻梁衬以白粉。这种西域式晕染法源于印度和中亚，在北朝时期较为流行，此图也可看出唐朝绘画中依然在运用西域式晕染法。

画面下部中央有一碑状物，用于写发愿文，现空白。左侧存一女供养人，右侧可能原有男供养人，现已残损，仅存部分幞头。女供养人身着襦裙，一手持鲜花跪于方毯之上。她梳高髻，上着窄袖衫，下着长裙，与莫高窟初唐第329窟东壁女供养人相似，表现出初唐人物的服饰特征。

No.003 凉州瑞像图（残片）

残存画面中央有一位身着袈裟的僧人，即是著名高僧刘萨诃。在僧人的右侧，应是画面的主尊，现残存佛像的右臂，呈自然下垂状，掌心朝外，五指并拢。佛像的身光有半团花纹和火焰纹装饰。佛像身后的山石及秃鹫飞禽代表凉州番禾郡东北的御谷山。佛头上部可见部分精美的华盖，装饰有摩尼宝珠。

画面左侧在高僧刘萨诃后面有几组小画面：城外一比丘遥指瑞像，城外另一侧有两胡人，一比丘骑马而行，一白象负经卷而行；一队士兵骑马行于山谷间，表现时逢战乱的情景；匠人搭架修造瑞像场景。此图还画出雷神于云中击打连鼓等场景。

No.004 释迦如来说法图

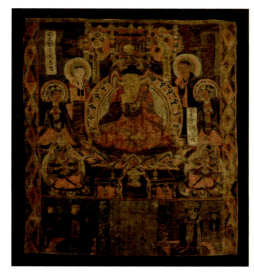

画面中央为释迦牟尼佛结跏趺坐于莲座上，双手结说法印。佛两侧为二弟子二菩萨像，下部又有两身供养菩萨像。根据题记，二弟子为舍利弗和目犍连；二菩萨为宝德菩萨和虚空藏菩萨。弟子、菩萨的身份都不是常见的，较为独特。画面下部中央为发愿文题记，两侧为供养人像。画面左侧绘男供养人，戴展脚幞头，穿黑色圆领袍，持长柄香炉，他的身后有一身童子侍立；画面右侧女供养人头戴花冠，服装华丽，她身后也有一身童女侍立。根据发愿文可知此图为后周广顺三年（953）所造。

No.005 观无量寿经变（残片）

这幅绢画残损较严重，大部分画面已失。从两侧的"十六观"和"未生怨"画面，可知为观无量寿经变。画面中央是阿弥陀净土世界，两侧纵长条幅表现"十六观"和"未生怨"，中央的净土图景与两侧画面间以卷草纹边饰分隔。残存部分有七宝水池、迦陵频伽等。画面上部有不鼓自鸣的天乐，可以看到笛子、腰鼓、羯鼓，乐器旁边还有普贤菩萨乘六牙白象从天而降。净土图中央主尊部分已失，仅两侧还保存观音菩萨和大势至菩萨部分，下部可见两侧的小型说法场景，下部中央残存部分乐伎，分别演奏琵琶、箜篌、古琴、竖笛、腰鼓、横笛等乐器。从残存的榜题"中品上"可知，画中还表现了九品往生的场景。

左侧条幅表现"未生怨"故事，通常"未生怨"故事是按由下而上的顺序来表现的。但左下部一件残片所画的内容似乎与观无量寿经变无关，其中榜题有"十恶之人染疾时"和"十恶之人临终之时地狱来迎"，画面表现榻榻之上是一个骨瘦如柴之人，一个女性在背后扶着他。旁边是两个夜叉用绳子拽这个将死之人。下方是一口煮沸的锅，牛头持三股叉，此人在锅中遭受酷刑。这样的画面观无量寿经变中通常没有，这块残片与其他的残片并不相连，从大小来看，也与其上部的故事画面不一样宽，或许是另一幅绢画的残片。

左侧残存的画面中，下面有一则榜题是"阿阇世王内门守提之官"，代表韦提希夫人被囚禁在深宫大院。其上的画面榜题存"得兔"二字，表现阿阇世要杀死频婆娑罗王和韦提希夫人，旁边的大臣极力劝说。太子听从大臣的劝说，没有杀害他的母亲。其上画面表现佛弟子目犍连及

富楼那乘彩云而下，向国王解说因缘，国王和韦提希夫人身子前倾，双手合十迎接。有榜题"阿阇世宫佛遣富楼那目连说法"。以上的画面画出一只白兔在山间奔跑，榜题是"此白兔净饭王枉煞托在王宫为太子"；最上部的场景，画出群山环抱之中有一草庐，草庐前有修行者持棍站立。榜题"此仙人是阿阇世王前世之身"。这两个画面表现的是国王知道仙人功德圆满后会来投胎，但他急于求子，派人杀死仙人，其后仙人转世投胎为一只白兔。国王又把兔子杀死，王后终于生下了太子。由此而造成了后来太子的怨恨。

在净土图的右侧画面描绘的是佛陀教导韦提希夫人进入西方极乐世界的十六种观想方法，称为"十六观"。由上而下，第一是日想观，榜题是"尔时韦提希夫人观日时"。韦提希夫人跪于方毯之上，双手合十。对面是一轮红日，内有一只三足金乌。以下分别为水想观、地想观、宝树观、八功德水想观、宝楼观、华座观、像观等，均有对应的题记文字。现存画面有"十六观"中的八项。

No.006 观无量寿经变

这幅绢画残损严重，缺失部分较多。绢画内容为观无量寿经变，中央画面为净土世界，两侧分别画"未生怨"和"十六观"。画面中央在巍峨的殿堂前面，主尊无量寿佛结跏趺坐于莲花宝座上，肃穆庄严，头光及背光严饰其身，上有华丽的宝盖和幡幢；观音菩萨和大势至菩萨分坐左右，供养菩萨四面环绕。主尊佛像下方的平台上绘有乐舞场面，两侧各坐五身乐伎，分别演奏乐器。平台中央延伸向外，中有一舞者正在舞蹈。其下又有一小平台上表现起舞的迦陵频伽。下部两侧又相对绘画出两组佛说法场面。

这幅绢画中引人注目的是主尊两侧的大菩萨。二菩萨均作游戏坐。画面右侧的观音菩萨左手持莲花，上身半裸，下着红色短裙和紫色网状裙装。与之相对应的是大势至菩萨，身体为绿色，同样上身半裸，一手持金刚杵，长发披于双肩。这样的菩萨形象，受到印度波罗王朝风格影响，在吐蕃时期的敦煌绘画中常见。

No.007 观无量寿经变

这幅《观无量寿经变》采用唐代流行的三联式构图。中央为净土

图，画面右侧绘"未生怨"故事，左侧绘"十六观"内容。

净土图上部中央大殿后部有一座楼阁式塔，塔刹部分可见相轮。两侧有长廊与两侧大殿相连接。长廊后面左右两侧各有一亭阁。主尊阿弥陀佛在中央说法，两侧有观世音菩萨、大势至菩萨及众多菩萨听法。佛前净水池上的平台中有乐舞形象，中间一人起舞，两侧各有三身乐伎在演奏音乐。下部在水池的两侧平台上各有一组佛说法图。水池中央又有一平台，其上有迦陵频伽演奏琵琶，孔雀、鹦鹉等祥禽伴随。

画面右侧条幅，按由下而上的顺序描绘"未生怨"的故事。左侧条幅则由上而下，依次描绘"十六观"的内容。

No.008 药师经变

这幅绢画表现药师净土世界，画面上部表现药师佛结跏趺坐，一手托钵，一手扬掌说法。两侧胁侍为日光菩萨、月光菩萨，周围还有众多的菩萨和弟子听法。画面下半部中央有一方榜题，两侧分别描绘文殊师利、普贤菩萨及其侍从。榜题文字上部为汉文，下部为吐蕃文。汉文题记为：

敬画药师如来法席

一铺文殊普贤会一铺千手

千眼一躯如意轮一躯不

空羂索一躯

以此功德奉为先亡□考

□□□法界苍生同

□共登觉路

丙辰岁九月癸卯朔十五日丁巳

□□□□□建造毕

汉文竖写，但顺序是从左向右。下部吐蕃文内容大体与汉文一致。绢画的下部残损较多，现存部分可见中央是千手千眼观音；左边是如意轮观音；右边残缺，但通过汉文题记可以推测是不空羂索观音。

吐蕃占领敦煌以后，受印度波罗王朝艺术影响的密教绘画风格渐渐在敦煌流行，这幅绢画上即可看到吐蕃时期的新风格，如药师佛的两大胁侍菩萨，其造型上半身裸露，仅饰以一条飘带，下半身衣饰也紧贴身体，显示出完整的体态。菩萨的宝冠也装饰复杂。文殊菩萨、普贤菩萨和众多的听法菩萨的造型，则较多地保持盛唐以来的传统风格。

No.009 药师经变

这幅药师经变采用唐朝最为流行的三联式构图形式：中央较大的画面表现药师净土世界，右侧条幅表现"九横死"场面，左侧条幅表现药师"十二大愿"。药师净土图中，药师佛一手托钵，一手作说法印，结跏趺坐于莲花座上。两侧有众多菩萨、天人围绕听法。药师佛后面是表现净土天宫的宏伟殿堂建筑。这幅经变画对于建筑的表现极为细腻，建筑层次非常丰富，画面也通过建筑的不同层次来表现众多的人物。在主尊药师佛说法的平台前面略低的位置是乐舞场面，两侧有众多的听法菩萨与天人，画面两侧与之对应的平台上又各站立面向中央的一佛二菩萨。在乐舞平台的下面，水池两侧各有一平台，各有六身着铠甲的武士形象，这是护卫药师的十二神将。在主尊药师佛后，大殿后面还画出由回廊围成的方形院落。其两侧各有一座建在高台上的亭阁，右侧亭中可见大钟，左侧的亭中画出一扇关闭的门，按唐代寺院的习惯，一边为钟楼，一边为藏经楼。画面最上部，又在左侧画出千手千眼观音菩萨，右侧画出千手千钵文殊菩萨。与之相呼应的是下部两侧也画出两身菩萨，左侧有可能是如意轮观音，右侧残损太多无法判断。

画面右侧的条幅表现《药师经》中讲到的"九横死"内容，即九种非正常死亡的现象，如生病时因医师用药错误而致死，因火灾而死，被水淹死，被野兽咬死等。画面左侧条幅画的是药师佛为救助众生而发下的"十二大愿"。

No.010 维摩诘经变

维摩诘经变是敦煌佛教艺术中常见题材之一，主要讲述维摩诘在毗耶离城与文殊菩萨对坐辩论佛法的故事。画面左侧是维摩诘在装有帷幔的斗帐中，凭几而坐，右手持麈尾，面向文殊菩萨。画面右侧是文殊菩萨坐于方形须弥坛上的莲华座，两边各有一只狮子。文殊菩萨下部有一组世俗人物，其中头戴冕旒的中原皇帝处于画面的中心，周围的侍者及大臣围绕着帝王站立。

在维摩诘帐下也画出一组世俗人物，有不少卷发高鼻的少数民族首领、各国王子等，引人注目的是吐蕃赞普被置于各族人物的领头位置，与右侧的中原皇帝形成分庭抗礼的局面。吐蕃赞普头戴红毡高帽，结发辫于两鬓，翻领长袖礼服，显出有很多层，脚穿长靿乌靴，腰系革带，左手捧花，右臂长袖及地，立于曲柄华盖之下，神情虔诚。赞普前有二侍者引路，后有吐蕃侍臣与其他西域诸族首领九人随行，其中有的赭面黑发，有的束发赤脚，有的头戴毡帽或毡笠。这些都是往来于丝绸之路上的少数民族和外国使臣的真实写照。

No.011 维摩诘经变

此图为维摩诘经变的一部分，另一部分存法国吉美博物馆。维摩诘经变通常采用两个画面相对的形式：一边表现以文殊菩萨为主的人物，另一边表现以维摩诘为主的人物。英藏这一件作品，表现以文殊菩萨坐在一个高台上，座位下部的壸门间均画出狮子，表明此座为狮子座。文殊菩萨前有一天人持钵向下倾倒，身后有菩萨、比丘、天王等一班侍从。这是表现《维摩诘经》中所说，维摩诘遣香积菩萨带来香饭为大众提供餐食的内容。下部画出听法的世俗帝王和大臣，帝王着黑色龙袍，身旁有一侍从执一书卷，前有身着黑衣的二大臣持剑引路，旁有二人为他打着障扇，前后有穿红色衣服的大臣五人。

No.012 报恩经变

《报恩经变》根据《大方便佛报恩经》绘制，《大方便佛报恩经》主要以孝养故事来说明佛教思想，共分九品。"报恩"的观念符合中国传统忠孝思想，因此在中国较为普及。这幅绢画构图为三联式：中央为净土图，两侧分别以条幅的形式表现具体的故事。中部绘制了佛陀和菩萨、四身弟子，上部表现天宫楼阁，下部中央为舞伎手持长巾起舞，两侧有迦陵频伽伴随起舞，下方各有一组乐队演奏音乐，营造出佛国净土欢乐的景象。

画家对经变中菩萨、弟子等人物的描绘较为生动：如主尊右侧的菩萨神情恬淡，右手舒展，掌心向外；左手平举于腹前，戴有华丽的璎珞及配饰。旁边的两身弟子像，老年弟子身着通肩袈裟，背后是青色头光，满脸皱纹，双眉紧缩，表现出一位老年高僧庄严虔敬的神情，似乎陷入对深奥佛理的追索之中；另外一身青年弟子面貌丰润，双目微睁，似在出神聆听。

两侧的条幅画共绘制了《大方便佛报恩经》中三个故事。其一为源自《报恩经·孝养品》的须阇提太子故事，主要讲述太子须阇提跟随父母逃亡途中断粮，太子割身肉以救活父母的故事。右侧条幅从上到下绘有七个场景：（1）身着红衣的大臣参拜国王。（2）罗睺欲派兵马袭击。（3）国王、夫人和太子在城墙上架梯逃亡。（4）国王、夫人和太子携带食物长途跋涉。（5）国王、夫人和太子在路旁休息。（6）粮食断尽，国王举起剑欲杀王后，须阇提太子阻拦国王。（7）须阇提太子割肉奉双亲，在道旁缓慢地爬行，大王和夫人则继续旅程。

其二为鹿母夫人的故事，出自《报恩经·论议品》，左侧条幅从上至下绘有五个场景：（1）波罗奈国城外不远处有一座山叫"圣游居山"，有一位仙人住在此山的南窟，另一仙人住在此山的北窟。山中有泉水流过，泉水边有一平石。南窟仙人在此石上浣衣洗足后便回到他所居住的南窟。（2）仙人离开后不久，有一雌鹿来到浣衣处，喝了石上的浣衣水，顿感肚中异样，已有孕在身。（3）母鹿生产时要回到受孕的地方，于是这母鹿便回到泉水边，躺在泉边平石之上，宛转哀鸣。南窟仙人听到鹿鸣，走出洞窟看到母鹿生下一个女婴，看到她眉清目秀、相貌端丽，心生怜爱，于是抱回窟中抚养。（4）鹿女长到十四周岁，不慎让南窟的火熄灭，于是向北窟仙人借火种。走过之处生出一朵朵盛开的莲花，像一条艳丽的彩带，一直连接到北窟。（5）北窟仙人见鹿女步步生莲花的奇迹，要求鹿女绕北窟七周。鹿女走过的地方顿时出现层次井然的七行莲花。

其三为善友太子的故事，出自《报恩经·恶友品》，左侧条幅从下至上共绘有三个场景：（1）善友太子想出海寻求摩尼宝珠，国王却不答应。善友太子绝食。王后为了使太子实现得到摩尼宝珠的誓愿，劝解国王同意善友太子赴大海。（2）没有子嗣的国王在神殿前祈愿，结果国王得到两个孩子，一名善友，一名为恶友。（3）善友太子竖一高杆，杆顶置如意宝珠，变化出无数宝物，实现了将财宝填满国库的誓愿。

画面左侧条幅故事画的最下绘女供养人跪坐于方毯之上，她手捧香炉，可以从榜题处看到"清信优婆夷孟氏……供养佛时"。

这幅绢画保存相对完整，帷幔及四周缝制的素色绢边依然被保留，只有前景的中央部分略有损坏。整幅画面虽已褪色，但部分画作仍保留了丰富、浓烈的色彩，展现了盛唐时期佛教绘画的辉煌场景。

No.013 报恩经变

这幅《报恩经变》采用传统三联式构图，中央绘净土世界，两侧以条幅的形式表现《报恩经》中讲到的本生故事。画面的下缘绘出男女供养人像。

中央的净土图大体分为三段。上段描绘主尊释迦牟尼佛结跏趺坐于莲座上，正扬掌说法。两侧有二菩萨也坐于莲座上。在主尊佛像与两侧菩萨之间，各有一身佛弟子像，从佛座后露出上半身。中段表现供养菩萨与乐舞：中间一舞者持长巾起舞，两侧各有二身伎乐分别演奏笙、琵琶、拍板等乐器。伎乐身后各有四身供养菩萨。画面下段中央为卢舍那佛，左手胁侍为佛弟子，右手胁侍为菩萨，两边部分别绘制迦陵频伽和共命鸟。佛像的袈裟上绘有日、月、须弥山、阿修罗等形象，象征着六道世界，这是卢舍那法界人中像的标志。

两侧条幅的画面描绘《报恩经》中须阇提割肉奉双亲的故事，故事从右侧上方开始到底部，然后从左边的底部向上发展至顶部。第一场景显示宫殿的守护神似乎对王子发出警告，由于大臣罗睺造反，杀死国王，并要追杀各王子，于是王子与夫人带着儿子须阇提通过梯子向城外逃亡。他们准备了七日粮，却误入十四日道。中途食物已尽，王子想杀死夫人取肉以维持生命。须阇提劝父亲不要杀母，愿以自身的肉体使父母充饥。以下内容转到左侧条幅画面，表现须阇提每日从身上取三份肉供奉父母及自己维持生命。最后一日身肉已尽，须阇提请父母继续赶路。此时，帝释天化为狮子，向须阇提乞食，须阇提把最后的身肉给予狮子，于是狮子复原为帝释天，赞叹须阇提舍己孝亲的行为，并使须阇提身体恢复如初。故事画中山水背景以青绿色为主，兼有水墨画风，显示出中唐的特点。

画面最下部绘供养人，右侧六身男供养人均戴幞头，着圆领袍。左侧人物领头为一比丘尼，其后有女供养人四人，后面又有童子二人。

No.014 父母恩重经变

《父母恩重经变》根据《佛说父母恩重难报经》绘制，内容主要是表现父母养育子女的不易，以及报父母之恩的内容。此图上部绘释迦牟尼佛于耆阇崛山说法，两侧有众多弟子、菩萨、天王听法的场面。说法场面下部绘有关经变中讲到的一些细节：中央画面残损，但可见佛弟子们呈八字形对称排成两排，右侧弟子部位存一题记：

　　□□（阿难）从座而起偏袒右肩□□

　　□（云）何奉持诸声闻□□□□□□

这是经中表现佛弟子阿难向佛请问有关孝养父母等问题。在右侧画出两个画面，其一表现父亲坐在榻上，前有一小儿，似乎表现父亲对儿子的教育。其二表现两位妇女，其中一人怀抱小孩，表现育儿场景。画面左侧的场面，上部表现一对夫妇坐在一起，似在交谈，下面表现一女人（母亲）端坐，后有一小儿，前面跪一女子手捧物。根据榜题文字，大约是表现父母养育孩子"吞苦吐甘，推干就湿"等情景。其右榜题旁边画有青年的一男一女，根据榜题文字，可知表现子女已成家，而在父母年迈之时，却不来探望。经变中其余部分多有缺失。

在绢画的最下部绘供养人画像。中央的发愿文已残损，左侧有二身男供养人，第一身仅存头部，戴展脚幞头。题记："故父归义军节度押衙……史中丞上柱国上……。"从这则题记可知此人为敦煌曹氏归义军（北宋）时代的一个官员。第二身人像已残缺，题记存上半部："男学士……。"右侧第一身女供养人也已残缺，存题记："慈母阿刘一心供养。"第二身女供养人保存完好，其题记为："女三娘子长胜一心供养。"

No.015 弥勒经变

《弥勒经变》依据《弥勒下生经》绘制，画面中央是弥勒佛说法场景，弥勒佛倚坐于须弥座上，两旁有弟子、菩萨、天王等圣众。画面两侧又各绘有一佛说法状，与中央的主尊形成品字形构图，象征着"弥勒三会"的内容。在佛说法前面有乐舞场面。画面下部中央有一宝幢，旁边有婆罗门多人，正欲拆毁宝幢，弥勒因此感悟世事无常。在宝幢两侧表现众多世俗人物正在剃度出家的场景，表现弥勒三次说法，吸引广大信众争相出家的情景。画面上部以翅头末城为中心，表现弥勒世界的种种美好景象。按画面内容，左侧一城表现的就是弥勒所居的翅头末城，城外有一罗刹正在扫除，上部有龙王布雨清洁。靠近中部表现一坟墓，墓中有二老人，外面有一年轻人似在与老人告别。这是佛经中所说，人寿八万四千岁，人到了天命之时，便自己知道，先行到墓中安然而逝。画面右侧描绘帷帐中有人宴饮，表现的是女人五百岁出嫁时的婚宴图。右侧靠近中央部分还画出有农夫赶着牛耕种的场面，这是表现弥勒世界一种七收的场景。绢画上部这些场景中，均有榜题文字，但这些文字抄自佛经，却并没有完全与画面对应起来。

No.016 劳度叉斗圣变（残片）

劳度叉斗圣变最初是根据《贤愚经》等佛经中讲到的"须达起精舍"故事绘成。唐代以后，往往根据《降魔变文》等民间流行的讲唱文本而绘。其主题是表现六师外道与佛弟子舍利弗斗法的故事，通常表现几个斗法内容：外道劳度叉幻化出一座山，舍利弗则幻化出一个天王，用金刚杵击碎山；劳度叉化出一个宝池，舍利弗则化一白象，把池水吸干；劳度叉化出一头青牛，舍利弗则化出雄狮，将青牛咬死；劳度叉化为一条毒龙，舍利弗化出金翅鸟，将毒龙咬死；劳度叉化出一个夜叉，舍利弗化出毗沙门天王降服了夜叉。最后舍利弗化出强劲的风，摧毁了劳度叉的阵营，外道皈依佛门。劳度叉斗圣变在敦煌石窟晚唐、五代至北宋时期极为流行。这幅绢画仅存一部分，可见一头白象在一水池中，岸边有倒下的外道形象，应是表现舍利弗所化白象吸干宝池的场面。

贰 佛像 佛传

No.017 药师琉璃光佛像

图中药师佛穿红色袈裟结跏趺坐于莲座上，左手托钵，右手上扬作说法印。其药钵为透明状，表现的是当时十分珍贵的玻璃碗。画面左侧支架上还竖着一根禅杖，也是药师佛的法器。佛像下部右侧有一男供养人像，戴幞头，着圆领袍，手持长柄香炉，香炉上还冒着青烟。人像上方有题记："佛弟子节度押衙银青光禄大夫守左迁牛卫终郎将检校国子祭酒兼殿中侍御史张和荣一心供养，愿早达家乡无诸哉（灾）难。"左侧有一女供养人像，有题记："佛弟子彭氏供养。"

从供养人题记可知此药师佛像是一位叫张和荣的人所供养的。彭氏可能是他的妻子。张和荣有"节度押衙"等官衔，可知是在五代时期归义军曹氏政权中的一位官吏。

No.018 佛倚坐像

此绢画保存较完整，但无文字题记，佛像背光等处似未画完。佛着红色袈裟，倚坐于横长的佛床上，双手上举，似作说法印（但手印不太标准）。下部画供养人像，右侧二人为男供养人像，均戴展脚幞头，穿黑色圆领袍。前一人双手托供品：一金色盘，盘内有鲜花。后一人双手合十。左侧前一女供养人衣着华丽，头饰金钗。身后有一女童，头上有双髻，手持一莲蕾。从供养人服饰来看，当为宋代敦煌归义军时期的人物。

No.019 炽盛光佛及五星图

这幅《炽盛光佛及五星图》根据《佛说炽盛光大威德消灾吉祥陀罗尼经》绘制，这一题材的作品最早出现于唐朝，北宋、西夏时期极为流行。主要是信众们用于礼拜，祈求消灾免祸。此图左上角有文字题记：

炽盛光佛并五星
神乾宁四年正月八日
弟子张淮兴画表庆
记

题记文字竖行由左至右。由题记可知为唐乾宁四年（897）所造，这是现存最早的炽盛光佛图。画面中炽盛光佛坐在一辆牛车上，车上插着两面有云纹的旌旗。佛身上放射出五彩的光芒。佛周边表现五位星官：画面左侧第一位是木星，也称摄提。他是一个文官模样的人物，戴猪冠，着青衣，双手持一果盘。木星后面是水星，也称北辰，是一位女性。她一手持笔，一手持本，头戴猴形冠。炽盛光佛的车前有一老者牵牛，这是土星，为婆罗门打扮，头戴牛头冠，一手执杖。土星后面是金星，也称太白，是一位身着白衣的女子，戴鸟形冠，双手抱琵琶。画面右下侧是火星，也称荧惑。他的形象如金刚，头戴马头冠，身有四臂，分别持弓、箭、剑、戟。

No.020 佛传图（告别、剃发、苦行）

佛传是指佛陀释迦牟尼的生平事迹。佛传故事画往往以连环画的形式展开描绘一系列的故事情景。这幅绢画表现了佛传故事中的三个重要场景：由上而下第一个画面表现悉达多太子与马夫告别，太子坐在岩石上，他的对面是马夫车匿双手合十向他告别，白马犍陟两只前蹄跪下，流露出依依不舍之情。第二个画面表现太子剃度，悉达多太子坐在岩石上，正欲脱下王冠。旁边站立二人，一人身着华丽的衣饰，手里拿着一把剃刀，另外一人双手合十，表示对世尊行为的赞叹。旁边还跪着五人，这五人代表最早跟随释迦牟尼的五比丘。第三个画面表现太子苦修，太子坐在岩石上打坐，上身半裸，显得瘦骨嶙峋。因长时间苦修，小鸟已在他头上建了窝。

这幅《佛传图》中，山水背景的表现较有特色，总体是以青绿色为主，但又体现出水墨晕染的技法特征。山崖的构图较为丰富，特别是第一个画面中，近景山崖与远景的对比，体现了盛唐以来流行的画法。

No.021 佛传图（出游四门）

这件绢画残片，表现的是佛传中的两个场景，并保存了完整的文字题记。上部画面榜题是"尔时太子出城东门观见老人问因缘时"。表现悉达多太子骑马出城门，旁有侍从跟随。对面有两人向太子躬身行礼，其中一人拄着拐杖，表明是老人。下部画面榜题是"尔时太子出城南门见一病人问因缘时"。表现太子骑马出城，对面有一位身体羸弱的病人躺在树下，旁有一人轻轻扶着他的背，还有一人手里端着药碗，正在给他喂药。旁边的随从也欠身作询问状。这两个画面表现的就是太子"出游四门"故事中的两个场景。佛经里讲悉达多太子曾出游东、西、南、北四门，分别遇见了老人、病人、死人和出家修行者。因此思考人的生、老、病、死诸苦，寻求解脱之道，最后决计出家。

绢画采用连环画的手法来表现佛传故事，每个画面都是单独的场景，城墙的表现具有一定的空间感，人物从城中出来时，画出人马的一部分，有半截则被城门遮挡，以此表现空间的纵深感。人物和白马描绘精细，神态生动。

No.022 佛传图（搜索、报告）

这是一件绢幡，上部还保留着三角形的幡头，绢画内容表现佛传故事中的几个片段。上部第一个场景，画出殿堂内坐一王者，殿堂外有一人骑马而立；下部又有一人骑马持旗帜而行。大约是表现净饭王担心太子出家，派人到处搜寻太子。接下来一个场景表现一厅堂内坐着一人，堂外一人似乎在向他禀报。表现派出的人员回来向国王报告情况。室外表现二伎乐人分别演奏着笛子和箫，最下部描绘一水池和庭园，有一乐人持拍板演奏，右侧可见一亭。这是表现太子在宫中娱乐的内容。

No.023 佛传图（佛七宝、九龙灌顶、步步生莲）

这件绢幡上下部均有不同程度残损。上面两个画面表现与佛的诞生相关的七宝，七宝包括金轮宝、神珠宝、玉女宝、白马宝、白象宝、主藏臣宝、主兵臣宝。在第一个画面中，可见彩云中有一武将（主兵臣宝）和一妇女形象（玉女宝），旁边有一个大金轮（金轮宝），轮上还有一宝珠（神珠宝），第二个画面表现彩云中有一文官模样的人（主藏臣宝），其身后有一头白象（白象宝）和一匹白马（白马宝）。七宝的出现预示着太子将来要成佛。在七宝下面的画面中，表现的是九龙灌顶的景象：刚诞生的太子裸身站在莲台上，天上有九条龙为他喷水沐浴。两侧有摩耶夫人和众多侍女。最下面的场景表现太子行七步，步步生莲的奇迹。画面中摩耶夫人和众多宫女及侍臣均为唐人装束。

叁　菩萨像

No.024 菩萨像

画中菩萨右手托钵上举，左手下垂，站立于莲台上。乌黑的头发自两肩披下。菩萨上身半裸，斜披天衣，腰际系带，璎珞、臂钏、手镯、耳环精美。其中飘带呈透明的状态，表现出如薄纱之类纺织品的质感。菩萨的头光以褐色及青色晕染，也表现出光影的效果，头光之上的华盖繁复精致，点缀着五个宝珠。菩萨所持透明的钵反映出玻璃制品的特点，也是唐代绘画中经常表现的内容，莫高窟第401窟、第299窟等窟壁画中也有描绘菩萨手持玻璃碗的形象，反映了唐代以使用玻璃制品为时尚。菩萨所站的莲台，莲瓣朝上，莲花中细致地绘出了莲蓬。

No.025 菩萨像

菩萨头戴宝冠站立于莲台上，上身着僧祇支，下着长裙。身上一条带有半团花纹的天衣较引人注目，这一纹样是由联珠纹形成的圆形，其中又有花瓣。菩萨所站的莲台则以紫色描绘花瓣，其中画出绿色的莲蓬。菩萨的头光内层以蓝色表现，外层以绿色染出，内外层之间有红色描线，显得色彩鲜艳。菩萨手持长柄香炉，这样的表现具有引路菩萨的性质。

No.026 菩萨像

菩萨头戴宝冠，项饰璎珞，斜披天衣，身着长裙，站立于莲台上。菩萨手持长柄香炉，具有引路菩萨的特点。这件幡画有部分残破，褪色较严重，仅飘带部分保存较多的红色，长裙也可见最初是红色的。其余部分色彩较淡。

No.027 菩萨像

菩萨一手托摩尼宝珠立于莲台上，项饰璎珞，斜披络腋，下着长裙，黑色长发垂于双肩。头光内层以蓝色染出，外层为绿色，内外层之间以红色线描，色彩艳丽。菩萨所站的莲台以浅蓝色染出花瓣，其中又以橙黄色表现莲蓬。

No.028 菩萨像

这幅绢画菩萨像较为独特，表现菩萨向右侧扭转身躯，露出背影的形象。菩萨头部呈正侧面像，头戴宝冠，带有装饰物的发髻向后垂下。右手托莲花，左手持飘带垂向身后，身材修长，红色的长裙随着身体的转动，体现出腿部的变化，显得潇洒流畅。双足分别踏两朵莲花。长长的飘带也配合身体的动态呈现出优美的曲线。

No.029 菩萨像

菩萨站立于莲花之上，头戴镶嵌宝石的山形冠，佩戴璎珞及珥珰，身着印度式的裹得很紧的腰布，一手上扬，一手下垂，华丽的帔帛从两肩垂落。这些特征可能与于阗或者吐蕃艺术风格有关系。造型较为僵直，菩萨双脚脚跟并拢脚尖外张，腿几乎是笔直的，看不出膝关节。

No.030 菩萨像

菩萨立于莲台上，头戴山形宝冠，冠上可见镶嵌有蓝色、红色、绿色的宝石，熠熠闪光。菩萨左手持长茎莲花，右手上举，露出细致的掌纹。头发披于双肩，佩戴璎珞及珥珰，身着紧身裹裙，飘带从两肩垂落，飘带一面为红色，一面为蓝色，各有黄色或白色装饰花纹。此菩萨像与上图菩萨像基本相同，上身裸，下部缠着腰布，腰布的图案具有印度风格，双腿也没有画出膝关节。面部和身体肌肤的表现显示出西域式晕染法的特征。

No.031 菩萨像

这件彩绘菩萨立幡是同一系列的三件作品之一。菩萨头戴山形冠，右手托金刚杵，左手执长茎莲花，掌心向前，立于莲花之上。三层头光依次用粉色、红色、墨绿色绘制。头光右侧有吐蕃文榜题。菩萨从腰到膝的部分缠绕着细软的裹裙，腰间还系有一条布满小花纹的红色带饰。身体肌肤用墨绿色绘制，仿佛青铜像的效果。眼睛以纯白眼底点缀黑瞳，显得特别突出。

这件幡的制作不同于敦煌其他幡，采用经纬均匀、质地细密的灰色绢，幡两端的边缘用细绢布缝制。这些特点与其他大部分的幡制作方法不同，推测这件幡是在其他地方制作，然后带到敦煌的。

No.032 引路菩萨像

这幅绢画表现的是菩萨引导亡者进入佛国世界的情景。图中菩萨一手持幡，一手持长柄香炉，头戴花冠，项饰璎珞，身着华丽的长裙，足踏莲花，徐徐行进在云层之上。他的身后跟随一位妇女，头梳高髻，身着红色襦裙，拱手徐步而行。画面左上部画出彩云中的楼阁，象征着佛国世界。画面右上部榜题中有"引路菩"三字，应缺一"萨"字。引路菩萨这一题材在唐代较为流行，反映了人们对往生佛国天堂（西方净土世界）的追求。图中跟随菩萨的妇女形象丰满，衣着华丽，是盛唐以来贵族女性形象的典型。

No.033 引路菩萨像

菩萨头戴化佛冠，上身半裸，斜披天衣，下着华丽的长裙，足踏莲花，行进在云层之中。他一手持香炉，一手扶着扛在肩上的长幡。菩萨身后跟随一妇女，梳高髻，身着蓝色带团花纹的大袖襦，上身还披着棕色的帔帛。画面上部表现一层层彩云间有殿堂建筑，象征着佛国世界。这也是一件典型的引路菩萨画面。表现菩萨引导亡者进入佛国世界。菩萨头戴化佛冠，意味着这是观世音菩萨。画家对头冠上镶嵌的宝珠，以及璎珞、腕钏上的宝珠描绘精致，体现出质感。

No.034 势至菩萨像

菩萨头戴宝冠，头冠上饰一宝瓶，这是大势至菩萨的象征。大势至菩萨与观世音菩萨同为阿弥陀佛的胁侍菩萨。阿弥陀佛与观世音菩萨、大势至菩萨合称"西方三圣"。佛经上说，大势至菩萨以智慧之光遍照世间众生。图中大势至菩萨上身半裸，斜披天衣，右手持一宝瓶，瓶中有一枝莲花。绢画下部（莲台部分）已残损。

No.035 四观音文殊普贤图

这幅绢画的上部绘四尊观世音菩萨立像，下部绘文殊菩萨和普贤菩萨像。根据文字题记，上部观音像从右至左分别为"大悲救苦观世音菩萨""大圣救苦观世音菩萨""大悲十一面观世音菩萨""大圣而意轮菩萨"。最左侧"而意轮"应是"如意轮"之误。在第三身十一面观音的题记下部又有小字"清信佛弟子唐"，而且这一身菩萨像并未画出十一面。四身观音菩萨像手持净瓶和莲花，造型大体相似，仅在上衣的颜色上有所变化。下面右侧是乘狮的文殊菩萨，旁有牵狮的昆仑奴，两侧各有持幡菩萨侍从；左侧为乘象的普贤菩萨，旁有昆仑奴牵象，两侧同样有二菩萨持幡侍从。画面最下部有供养人画像及题记。中央是发愿文，残存文字如下：

一为当今皇帝二为本使□

三为先亡父母及合□□□

无之灾障□□……

咸通五年……

咸通五年为公元864年，发愿文的右边是四身男供养人像，前一人为比丘装束，后三人为俗人形象，题记依次为"父僧神威一心供养""兄亡将唐我一心养""兄唐小晟一心供养""衙前虞候唐安谏"。左边是女供养人，前二人为比丘尼，后二人为俗人，榜题依次为"比丘尼妙义一心供养""尼福妙一心供养""母赵氏一心供养""阿妇什三娘一心养"。

No.036 普贤菩萨像

普贤菩萨乘六牙白象，面庞饱满圆润，头戴宝冠，项饰璎珞，两绺黑色的头发垂至鬓角，嘴角微微向上翘起，显出微笑的神态。大象正面走来，头侧向右前方。大象的一只前脚轻轻抬起，表现出行进的动态。

这幅绢画略微褪色，但从目前的保存状况来看仍然不失其最初的华丽。普贤菩萨莲花宝座的花瓣似乎曾用青色赋彩，菩萨的天衣用紫红色渲染，与内衣的鲜红色形成鲜明对比。大象全身白色，造型柔和，肉色与粉红色搭配和谐，配有精致的深棕色皮质挽具。

No.037 文殊菩萨像

文殊菩萨全名"文殊师利"，也译作曼殊室利，意为妙德、妙吉祥。与普贤菩萨同为释迦牟尼的胁侍菩萨。佛经中讲文殊菩萨是智慧之象征，手持金刚宝剑，表示智能之利。这幅绢画中，文殊菩萨头戴宝冠，长发披肩，上身半裸，斜披天衣，右手持剑上举，下着长裙，立于莲台上。画面中衣饰飘带的颜色以紫色和黄色为主，有一条白色联珠纹的带饰。文殊菩萨造型，如宝冠等形式具有明显的密教造像特征。

No.038 普贤菩萨出行图

这幅绢画残破较多，上部左侧呈弧形，与后面一幅绢画《文殊菩萨出行图》相对应，说明此二图是一组图像。图中普贤菩萨半跏坐于白象上，前后侍从有菩萨四身、天龙八部神五身，均为棕色皮肤。其中一身头冠上有金翅鸟，是为迦楼罗。左下部有一帝王形象，手持麈尾，是为梵天，其两侧有侍女二人。梵天也属天龙八部之属。白象旁有牵象的昆仑奴，皮肤为深棕色，裸上身，仅着短裙。在右侧共有四身伎乐天，上部两身仅可见头部，下部二身分别演奏着笙和箫。这幅绢画表现普贤菩萨及侍从行进的状况，人物众多，排列紧凑，气势宏大。类似的普贤或文殊菩萨出行图，也称为"普贤变""文殊变"，在敦煌唐五代壁画中出现较多。

No.039 文殊菩萨出行图

这幅绢画的右上部呈弧形，与前述《普贤菩萨出行图》是一组画，应是放置在某一特殊位置。此绢画残损较多，部分人物已不完整。主尊文殊菩萨半跏坐于狮子上，前后侍从有四菩萨及天龙八部中的五尊。八部神均为棕色肌肤，其中有的头冠上有龙头，是为龙神，另一身的头冠上有蛇头，是为摩睺罗迦，还有一个面形为猪头者。画面下部有牵狮的昆仑奴，肌肤为深棕色，头上是卷发，上身半裸，仅穿短裙。画面右下部有一持麈尾的帝王形象，这是帝释天，他的身旁有二侍女。画面左侧可见四身伎乐天，上二人仅露头部，一人抱着琵琶，另一人乐器不明，下部二人中一人吹奏篥。

No.040 金藏菩萨像（金萨菩萨像）

此图表现一菩萨结跏趺坐于莲座上，头戴化佛冠，项饰璎珞，上身半裸，下着长裙，右手持金刚杵，左手执金刚铃。下部中央写有"金藏菩萨"字样。据学者研究，根据此菩萨所执法器等情况，应是金刚萨埵菩萨，可略称"金萨菩萨"。那么，"金藏菩萨"可能是"金萨菩萨"之误。此图下部有供养人，右侧为比丘像，题记："灵图寺僧愿成一心供养。"左侧为一世俗人物，题记："主窟幸有菜定子一心供养。"

No.041 虚空藏菩萨像

画中菩萨半跏趺坐于莲花宝座上，面露忿怒之相。两侧分别绘出日、月。推测为虚空藏菩萨，大乘佛教八大菩萨之一，其智慧广大如虚空，其财富遍满三界，能满足信众求智慧、财富、美名、美满眷属之愿望。虚空藏菩萨常常以愤怒或愁苦的面容出现，其信仰与观音信仰有密切关系。画中日轮和月轮也是虚空藏菩萨的象征。日轮和月轮在千手千眼观世音菩萨图中，也常常有与此相同的配置。这幅绢画属于藏传佛教绘画风格，菩萨莲花座下有藏文榜题，题记内容包括尊像的名号、图的序号、画家或供养人的名字等。从藏文榜题、华盖下菩萨的形态来看，推断其年代是吐蕃占领敦煌时期末（公元848年以前）的作品。

No.042 观世音菩萨像

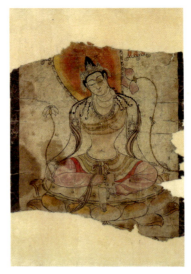

本图上端和下端缺损，菩萨头戴宝冠，左手持一长茎莲花，右手也持一花（并非莲花），坐于莲花座上。全图用色较淡，在头光处以橙黄色染出，莲花座的花瓣以黄色染出；裙子部分染出红色和淡紫色。观音菩萨像具有密教菩萨的特征，突出丰乳细腰的女性形态。飘带绕过胸部，呈半透明状。身体以流畅的曲线描绘，莲茎的曲线也与身体的曲线相呼应。头发分成数缕卷曲地悬在肩上，手臂上缠绕着从肩上垂下的褐色条纹的天衣。璎珞、腕钏、臂钏以及脚钏等装饰品都只用墨描绘。华盖已遗失，可见到与上图华盖非常相似的穗。

No.043 观世音菩萨像

这幅绢画残破较多，特别是菩萨的宝冠部分和下端双脚部分画面残损。观世音菩萨右手执净瓶，左手持柳枝，面部在白底上以粉红色晕染，嘴唇有八字形髭须，嘴角微微上翘，略含笑意。菩萨项饰璎珞和宝珠，黑色长发沿着两侧的肩膀向下垂落。上衣和飘带以绿色晕染，内衣为深红色，裙子以橘红色染出，一条细长的白色丝带从颈部向下垂落，并越过腰部在下方形成一圈环状。总体色彩明亮和谐，线描流畅自然。

No.044 二观世音菩萨像

这幅绢画绘出并排站立的两身观世音菩萨像，二菩萨头戴化佛冠，项饰璎珞，立于莲台上。头顶都有华盖。右边的菩萨右手持净瓶，左手执杨柳枝。左边的菩萨左手持花朵，右手结说法印。两身菩萨面部表情、身体动态几乎是镜像相对。

在两菩萨中间有一方发愿文，愿文也分两部分，左侧榜题顺序从右至左，右侧榜题顺序则从左至右。

左侧榜题内容是：

……清信弟子义温为己身落

……乡敬造一心供养

……永安寺老宿慈力发心敬画观世音菩萨为过往父

……三早过佛界一心供养 信弟子男永安寺律师义

[温]一心供养 信弟子兼伎术子弟董文员一心供养

右侧榜题内容为：

……世音菩萨清信弟子温义为己身落

……得归乡敬造一心供养

大乘忧婆姨觉惠同修观世音菩萨一为先亡父母神生净土

……不洛（落）三涂承生净国早登佛界一心供养

发愿文中，大致记录主要供养人名及其祈愿全都相同，供养人（右半的是温义，左半的是义温）可能是同一人。日本学者藤枝晃认为此画应是唐朝恢复对敦煌的统治权以前，即781年至847年间制作的。

No.045 观世音菩萨像

这幅绢画上下均残损，褪色也较严重。图中观音菩萨头戴化佛冠，项饰璎珞，斜披天衣，下着长裙。菩萨右手持柳枝，左手提净瓶，弯弯曲曲的长茎从瓶口伸出，茎上长出莲蕾。菩萨面部和衣服大部分褪色，璎珞和天衣呈浅红色，肩上的帔帛当初可能是紫色的，里子为绿色。

画面右下方画出二身着圆领袍的女供养人像，均手持莲花胡跪在方形毯上。

No.046 观世音菩萨像

这身精美的观世音菩萨呈站立的姿态，面相温婉慈悲，右手执柳枝，左手持净瓶，璎珞、臂钏、手镯、耳饰严饰其身。身后头光绘卷云纹，头光之上为华盖，左侧有空白的榜题。上身半裸，仅仅裹以天衣、帔帛及绶带，具有浓厚的印度风格。下着橙色长裙，褶皱与线描相互映衬，倍感柔美之姿。腰部以下的绶带、帔帛、璎珞相互交错，呈现出某种律动之感。

本图的观音在线描方面尤其引人注意。起稿线不仅用墨线，也用了淡红色线条勾勒，像眼睑、眉毛、嘴唇等特别引人注目的部分，则用浓墨强调。

No.047 观世音菩萨像

图中的观世音菩萨披着墨绿色帔帛站立在莲台上，菩萨两侧画出两枝莲花弯弯曲曲向上延伸，摇曳生姿。画面左侧莲茎上端的花瓣已然掉落，只剩下莲蓬。菩萨左手持净瓶，一株从净瓶长出的花朵攀援着帔帛，右手执杨柳枝，向一侧垂下。这尊观世音菩萨上半身的曲线表现流畅，面相丰满圆润。

No.048 观世音菩萨像

画中的观世音菩萨站立于莲台上（残损），右手持净瓶，左手自然垂下。上身半裸，下身着长裙，天衣环绕腹部，帔帛从胳膊蜿蜒而下，垂落至脚踝。观音菩萨身边的两身供养人显得俏皮可爱。右手边是一身少年，头发梳成双鬏，双手合十置于胸前，神态恭敬虔诚。额头及两颊采用红色晕染，使面部愈发饱满圆润。跷起脚尖，身体微微前倾，围裙上装饰着团花纹样。左手边是一身少女，头发从两侧垂落形成团状，右手拈花，上衣同样描绘团花图案，腹部系带。

No.049 观世音菩萨像

这幅幡画还保存着幡头，幡身绘观音菩萨像。观音菩萨为正面像，头戴宝冠，上身半裸，项饰璎珞，斜披天衣，下着长裙，飘带从两肩绕过双臂垂下。右手上举至胸前，左手提着净瓶。双足呈一字形立于莲台上。此绢画的色彩保存较好，可看到肌肤部分白色与粉色晕染形成的凹凸感。飘带和裙腰部分以浓重的红色和绿色相间染出。

No.050 观世音菩萨像

这幅绢画残损较多，但大体保存了菩萨身体的形态。绘画风格与前一件作品完全一致。菩萨头冠部分已残，上身半裸，项饰璎珞，斜披天衣，下着紫红色长裙。双手向上，但未画出持物。双足分别站在两朵莲花上。此图残存部分颜色保存较好，上半身通过白色与粉色晕染，体现人物肌肤的立体效果，长裙部分表现衣褶的明暗效果等都显示出严谨、精致的特点。

No.051 救苦观世音菩萨像

这幅绢画上方有题记："南无大悲救苦观世音。"图中观音菩萨半跏坐于莲座上，头戴化佛冠，项饰璎珞，飘带自肩部绕双臂垂下。右手持瓶，左手持念珠。在菩萨的莲座下有方形的水池，池中有数朵莲花，又从水池两旁伸出长茎莲花。在菩萨上部华盖的两侧绘出飘浮于空中的琵琶、拍板、笛子等乐器。两侧各有一天人面向观音菩萨胡跪于彩云上，双手托盘，盘中盛花。

画面下部描绘供养人像，中央有发愿文：

时唐大顺三年岁

次壬子十二月甲申

朔三日孙沙门

智刚尼胜明等

奉为亡尼法律

阇梨敬绘救苦

观世音菩萨一躯

永充供养

可知这幅绢画制作于唐大顺三年（892），发愿文的右侧有三位供养比丘尼，按题记，分别是孙胜明、普净、明律；左侧的供养人，第一位比丘智刚，其次是女供养人妙真，男供养人和子。

No.052 观世音菩萨像

观音菩萨头戴化佛冠，上身半裸，项饰璎珞，斜披天衣，下着红色长裙。右手执杨柳枝，左手托净瓶，净瓶为蓝色，瓶口和瓶底有金色装饰，看来描绘的是当时较为珍贵的玻璃瓶。画面左上部存有题记"女弟子九娘永为供养"，表明是一位叫九娘的女子供养的。此图的用色极为艳丽，虽然褪色较为严重，但头光边缘的红色火焰纹，璎珞上宝珠的蓝色等显得特别引人注目。尤其是红色的长裙点缀着蓝色小花，绿色飘带绕过其间，形成强烈的对比效果。

No.053 观世音菩萨像

此图为麻布绘制的幡，画面左上部有题记"南无延寿命救苦观世音菩萨"。菩萨头戴宝冠，冠上装饰花卉，包括上部的华盖也完全以花卉装饰，菩萨的两侧也画出数株花卉。菩萨右手持花上举，左手提着净瓶，绿色的飘带覆盖着上身，下着红色长裙。由于褪色等原因，此画颜色都变得较浅淡。

No.054 观世音菩萨像

此图绘观世音菩萨像头戴化佛冠，左手持杨柳枝，右手持净瓶，立于莲台上。观音菩萨背后还画出绿色竹数枝作为背景。此图较为特别的是观音菩萨两侧的供养人像较大，观世音菩萨右侧为一比丘尼，手持长柄香炉；左侧双手托盘者为一青年像。绢画上部左侧写发愿文，有天复十年（910）题记，右侧又有题记：

南无大慈大悲救苦观世音菩萨永充供养

奉为　国界清平法轮常转　二为阿姊师

为亡考姚神生净土敬造大圣一心供养

在右侧的供养人上部又有题记："亡弟识（试）殿中监张有成一心供养。"此图背面也记录了为供养观世音菩萨而绘制这幅绢画的原因。文字题记如下：

南无观世音菩萨一躯，奉为故普光寺法律临坛尼大德严会兼故弟试殿中监张友诚二貌真一心供养，以偈赞曰：

大哉法王，化现无疆。巡数六道，若处先当。随念则至，救接寻常。代众生苦，在阎浮场。迥然难见，恒在边方。随众生意，变现难量。礼者感感，拜者近场。亡过眷属，不历涂汤。承菩萨愿，影入西方。见存眷属，劫石迟长。

时天复十载庚午七月十五日彩绘大圣一躯兼尼法律貌真功毕记

由这段文字，我们知道此图是为已故的普光寺尼姑严会和她的弟弟张友诚而绘的。一方面是绘制观音菩萨作为功德，一方面又是二人的貌真绘。貌真，通常写作"邈真"，也就是写真，是为已故的人画像。这则文字中，天复十年这个年号比较特别，唐昭宗天复年号只有四年唐朝就结束了，而敦煌一地在西北偏远地区，不知道中原王朝的更替，仍在继续使用天复年号。

No.055　观世音菩萨和供养人像

这幅绢画构图较满，主尊观世音菩萨右手持莲花，左手提净瓶，半跏坐于莲座上，两侧各有三身供养菩萨，其中最下面的两身供养菩萨胡跪状，双手托盘中鲜花供养。画面上部两侧各有一身童子飞天，或双手合十，或两手各持花云而降。画面下部绘供养人像，右侧为男供养人，左侧为女供养人。由中央的发愿文可知为敦煌步军头领张揭桥一家所供养。其中年代题记写为"开宝四年壬申"，据研究，壬申年应为开宝五年（972），显然记录有误。此图中的文字总体都较潦草，不太严谨。甚至观音菩萨下部正中央题写"南无观音菩萨"榜题的文字也未能设计好，"南无观音"四字占满格之后，"菩"字写在格子外，"萨"字又用小字写在旁边。观音菩萨的面部似乎有修改的痕迹，最初设计的眼睛可能是画在现在的眼睛上部的位置。

No.056　观世音菩萨和供养人像

这幅绢画中主尊观音菩萨头戴化佛冠，半跏坐于莲座上，左手持宝珠。画面左上部榜题"南无观世音菩萨"。观音菩萨两侧各绘一人手抱一卷册侍立，左侧题记"善童子供养"，右侧题记"恶童子供养时"。按善、恶童子的故事，通常见于地藏菩萨与十王的题材，善童子和恶童子会记录人一生所做的善事和恶事，到了地狱十王审判之时，就会向地藏菩萨报告。这幅画把善、恶童子画在观音菩萨两侧，似乎把观音菩萨看作是与地藏菩萨等同了。

此图下部有两排供养人像，上面一排右侧为施主米延德和他的三个儿子，左侧为米延德夫人曹氏及其女儿、儿媳。下面一排则为米延德的孙子辈男女供养人像。由中间的发愿文可知为北宋太平兴国八年（983）所绘。

No.057　水月观音像

水月观音这一形式是唐朝画家周昉所创，其后便在各地流行起来。这幅水月观音图表现观音菩萨一手持柳枝，一手持净瓶坐在水边的岩石上，身后有竹子数竿，一轮圆月衬托着他的身影。周边是宽阔的水面，水中可见盛开的莲花。画面左上角有世俗男子及侍从二人在云中合十向观音菩萨礼拜。联系画面下部的男供养人，大约是想表现亡者往生的情景吧。右下侧绘出男性供养人戴硬脚幞头，着黑色圆领袍，手持长柄香炉。图中没有文字题记，从人物服饰看，应是五代时期的人物。

No.058　水月观音像

这幅绢画描绘观音菩萨半跏坐于岩石上，岩石下面可见水中有盛开的莲花数朵，身后有竹数竿。菩萨头戴化佛冠，上身半裸，着红色长裙。一手持净瓶，一手持柳枝。菩萨上部的华盖由花朵装饰。画面颜色较暗，衬托出菩萨身上的宝冠、璎珞、臂钏等金色更加耀眼。画面下部有供养人，右侧两人为比丘，左侧前者头戴展脚幞头，身着黑色圆领袍，手托盘花供养，后者为侍童，持花站立供养。图中没有文字题记，从人物衣饰看，应是宋代人物。

No.059 观音经变

此图表现《观音经》（即《法华经·观音菩萨普门品》）所记的观音菩萨救苦救难诸内容。画面中心为观世音菩萨坐于六边形台座上，头戴化佛冠，身有四臂，上面二臂分别托日、月，下面一手上举，一手持净瓶。观音菩萨两侧画出六个救难场面，画面右侧为：（1）一犯人跪坐，二刽子手一人持犯人头发，一人举剑欲砍；（2）一人被后一人推向火坑；（3）一人持矛正向另一人刺杀。画面左侧：（1）两人行进中忽遇雷击；（2）一人被毒蛇等物所困；（3）一人被猛兽袭击。佛经中讲，凡遇此等危险，只要口念观音，即可得救。

绢画下部绘供养人，右侧二身男供养人，左侧一身女供养人。根据题记可知，最右侧供养人为兵马史张佛奴。前面男子是张佛奴的亡父，左侧女子是其亡母。

No.060 观音经变

这幅《观音经变》与前面一幅构图基本相似，也是五代北宋观音经变的常见形式。主尊观音菩萨结跏趺坐于莲座上，头戴化佛冠，项饰璎珞。观音有六臂，上部二臂分别托举日、月，中部两手置胸前，下部两手分别持净瓶和念珠。观音菩萨两侧绘出救苦救难的六个场面。画面右侧：（1）一犯人跪坐，二刽子手一人持犯人头发，一人举剑欲砍；（2）二人行进在山路上，忽遭雷击；（3）一人被人推入火坑。画面左侧：（1）一人被人从山崖上推下，但此人却端坐在云朵上；（2）一人被关在牢房并有枷锁；（3）一人被毒蛇野兽围困。以上诸多灾难，均为《观音经》中所记观音菩萨要救助的种种灾难。

此图下部右侧绘男供养人二身；左侧绘女供养人一身，其身后有一身孩童形象。

No.061 观音经变

这幅绢画以绿色打底，由于年久变色，现在底色变得很暗。主尊观音菩萨头戴宝冠，项饰璎珞，上身半裸，下着红色长裙，立于莲台上。菩萨一手持净瓶，一手持一长茎，长茎上方是一尊化佛。菩萨的宝冠、璎珞、净瓶以及背光均以金色染出，在较暗的底色中显得格外耀眼。画面上部两侧画出二飞天，一身持香炉，一身正在散花，形象生动。观音菩萨的两侧画救难场景。画面右侧：（1）一位在枷锁中挣扎的人物；（2）一人被奔跑而来的骆驼撞倒；（3）一老者被一青年追杀。画面左侧：（1）一人被骑马者追杀；（2）一人溺水；（3）一妇人被野兽追赶；（4）一男子被豹子追赶。以上七个场面，并不完全与经中相符，但都表现遇难的情景。

画面下部，左右各绘一男一女供养人像，看来是两对夫妇的供养人。中央有发愿文，但文字大部分无法辨认，题记末尾可见"建隆四年癸亥岁九月十日记"字样，可知此绢画制作于北宋建隆四年（963）。

No.062 千手千眼观世音菩萨像

这幅绢画表现的是千手千眼观世音菩萨。观世音菩萨面容慈悲，双眼微睁，嘴角留有八字胡须。璎珞环佩，戴着耳珰及项链。观世音菩萨有无数只手，每只手上有一只眼睛，在外缘的手排列成圆形，中心有四十只手分别有持物，如三叉戟、净瓶、念珠、莲花、金刚杵、弓箭、药钵、杨柳枝、祥云、羂索、宝剑、宝楼和其他佛教法器等。其中上部中间两只手比较特殊，分别托着太阳和月亮，红色的圆形中有三足乌，象征着太阳；白色的圆形中画出桂树，表示月亮。在观世音菩萨的华盖两侧，分别绘有日天和月天，画面右侧乘马者为日天，左侧乘鹅的是月天。绢画的下部两侧各绘一身供养人，左下角是男性供养人，头戴幞头，身着圆领长衫，胡跪于方毯之上，手持长柄香炉，一缕青烟从香炉中飘出。右下角为女性供养人胡跪于方毯之上，手捧花盘，衣饰华丽多彩。

这幅绢画线描精致，色彩浓艳，尤其是保留了较多的青色（深蓝色）颜料，非常特别：菩萨圆形头光的外缘部分绘有排列整齐的青色卷云纹；菩萨的天衣、头发、璎珞、飘带、莲花宝座及部分法器皆用青色晕染。

No.063 千手千眼观世音菩萨像

千手千眼观世音菩萨端坐于画面中央，周围照例由无数只手组成圆圈，有四重圆圈，仿佛身光一样分布在观音菩萨身上。每一只手内均有一只眼睛。中央有数十只大手分别持莲花、净瓶、杨柳枝、绢索、金刚杵等物。其中还有两只手分别托日、月。

画面上部左右两侧分别表现月天（坐骑为鹅）和日天（坐骑为马）。中部左侧描绘的是功德天女胡跪于莲花座之上，手捧花盘，持花供养。与之相对的右侧描绘一老人形象，为婆薮仙，他侧身朝向观世音菩萨。下部区域，中央绘莲池，池中有两身龙王。在水池的两侧各有一身金刚和猪脸侍者——毗那夜迦。这两身金刚面部呈忿怒相，足踏莲花，手持法器，身后被火焰包围。左侧为火头金刚，他的头发倒竖呈火焰状，面有三目，二犬牙向上；共有四臂，分别执金刚杵（独股杵和三股杵）、绢索、念珠。右侧为青面金刚；身色青；共有八臂，分别持金刚杵、金刚轮、绢索等物。

画面最下部区域表现供养人。右侧为男性供养人，前有一身比丘持香炉，后面三人戴幞头，穿圆领袍，后面二人站立，应为侍者。左侧是女性供养人，领头的是一位比丘尼，三位女性供养人在后，最后有两位站立者，应为侍女。

No.064 千手千眼观世音菩萨像

此图描绘十一面千手千眼观世音菩萨，全图以蓝色作底，象征着大海，画面中心的千手千眼观音结跏趺坐于莲台上，观音菩萨肌肤的颜色用橙色和肉色晕染，衣裙为红色，点缀小花。色彩与背景的蓝色形成强烈对比，显得华丽灿烂。观音周边以无数只手形成圆形，仿佛背光。内缘绘有四十只手，每一只手分别持宝瓶、宝珠、法螺、绢索等法器。其中还有两手分别托日、月。

观音菩萨周围描绘了众多的天神：画面上部有日天和月天（榜题中记为"日光菩萨"和"月光菩萨"），两旁有十方化佛，每侧有五身。左侧十方佛下部有散花天人和不空绢索观音；右侧相对的位置上有供涂香的天人和如意轮观音。其下画面左侧依次画有梵天王、摩诃迦罗天、孔雀明王、功德天等；画面右侧依次画有帝释天、摩醯首罗天、金翅鸟王、婆薮仙等，在孔雀明王和金翅鸟王的身后又有随从的菩萨、天王等

形象。画面最下部两侧分别绘火头金刚（侍从频那勒迦）与青面金刚（侍从毗那夜迦）。

在观音菩萨主尊的下部绘有莲池，观音莲花座的长茎从莲池伸出，由头戴蛇头和蛇尾冠的两个龙王挑起，池中还有六个龙王眷属。在水池两边分别有饿鬼和贫儿，他们张开双手接受从观音的两只手中落下的甘露和七宝。

No.065 千手千眼观世音菩萨像

此图为小幅纸本，画得比较简略，大约是画稿。画中观音菩萨为立姿，头戴化佛冠，有三只眼，周围以千手围成一圆形，中间的大手持各种器物或物件，上部最中央有两手托起一佛像，置于化佛冠之上；众多的手或托日、月，或持弓、箭，或持金刚杵等。观音菩萨下部画面右侧有一老者持杖胡跪，应是婆薮仙。左侧一女子，持盘花供养，应是吉祥天女。

No.066 如意轮观音菩萨像

如意轮观世音菩萨通常有六臂，每一只手均有其象征意义，从观音菩萨右侧起，第一手为思惟手；第二手在胸前施无畏印，意为满足众生愿望；第三只手放在膝盖外，通常应持念珠，但图中省略了，表示"为度傍生苦"。菩萨左侧（自下而上）第一手，表示左按光明山，成就无顷动；第二持莲手，能净诸非法（但图中画的是持宝珠）；第三手持轮，能转无上法。观音菩萨六臂所持之物大体与佛经所记一致，但也有个别未完全按佛经来绘制。

在观音菩萨两侧各画出两支莲茎从莲座两侧蜿蜒向上，支撑着坐于莲花宝座上的两身小菩萨。

No.067 如意轮观音菩萨像

　　此图残损较多，中央绘如意轮观音菩萨，菩萨六臂分别持念珠、法轮等物，与佛经所记如意轮观音菩萨的持物一致。在主尊如意轮菩萨的两侧又各绘出五身菩萨坐像。在主尊如意轮观音菩萨的上部华盖之下，还画出一佛二弟子二菩萨的画面。在华盖两侧的上方，大部分残毁，但从残存的边缘看，似乎分别绘日天和月天形象。

No.068 十一面观音菩萨像

　　这幅绢画主尊十一面观音结跏趺坐于莲座上，共有六臂，上部两手分别托日、月，中部两手持莲花在胸前，下部两手分别持净水瓶和杨柳枝。观音菩萨的两侧上部各有一身飞天，画面右侧两身菩萨分别是不休息菩萨、妙吉祥菩萨；画面左侧二身菩萨，分别是常精进菩萨、如意轮菩萨。

　　画面下部绘有四位供养人和一个小孩。中央的发愿文中有显德四年丁巳（957）的落款，可知为五代时期的作品。

No.069 十一面观音菩萨像

　　这幅主尊为十一面观音菩萨像，观音头上有十一个面，共有八臂，其中上部二臂分别托日、月；二手于胸前持莲花；其余四手分持净瓶、宝珠、念珠、羂索。观音周围的人物众多，上部两侧绘十方诸佛，左右各五佛；其下中央绘二佛弟子：舍利弗和须菩提；身后各有一天王；其

下四菩萨，包括延寿命菩萨、常精进菩萨、如意轮菩萨、常举手菩萨；下部两侧分别是密迹金刚和大力金刚。绢画下部中央有发愿文一方，画面右侧为男供养人三身，左侧绘女供养人三身。题记文字漫漶，但从供养人服饰来看，大约是北宋时期的人物。

No.070 地藏菩萨像

　　地藏菩萨为菩萨身，但他的形象一般为剃发圆顶的"声闻形"，与僧人形象相同。其原因在于，地藏菩萨曾发誓愿在释迦入灭后到弥勒出世的无佛世上济度六道一切众生。

　　此绢画中的地藏菩萨以比丘的形象出现，立于华盖之下，头后有圆形头光。他面相饱满圆润，长眉细目，朱唇微启，双耳垂肩，佩戴耳饰，身着红色偏袒右肩式袈裟，下着棕绿色僧祇支，佩戴项饰和腕钏，袈裟衣纹稠密而流畅，行云流水一般富有韵律感。他右手持摩尼宝珠，左手自然放于胸前，赤足踩在两朵莲花之上，一朵为白色，一朵为橙色。

No.071 地藏菩萨像

　　此幅立姿地藏菩萨为比丘相，头顶有华盖，头后有圆形双层头光，赤足踏莲台。他身着偏袒右肩式袈裟，其上的黑色方格尤为醒目。这是表现水田图案的袈裟，叫田相袈裟或田相衣。田相象征田畦贮水，生长嘉苗，以养生命。此袈裟用黑色绘出田相，其间施以绿色线条和红、黄、白色晕染，袈裟边缘和裙摆微微飘动，既表现出衣料的柔软，又营造出行云般的动感。此身地藏菩萨的面容很有特点，面庞圆润，双耳垂肩，五官十分俊美。弯弯柳叶眉下明眸低垂，鼻梁高挺，樱桃小口。面颊、眼窝上胭脂红的晕染和微微鹰钩的鼻尖营造出一种超凡脱俗的异域之美。

　　榜题"南无地藏菩□"文字为反向，是写在绢的背面的，可能画家画完时不小心题在绢的反面了。

No.072 地藏菩萨像

　　此幅绢画表现的是比丘相立于华盖之下的地藏菩萨，榜题"南无大圣地藏菩萨"。他面庞饱满圆润，长眉细目，鼻梁挺阔，朱唇小巧，头顶、唇上和下巴用石青晕染出隐隐的发色和胡须。他身着田相袈裟，佩戴镶着宝石的璎珞和臂钏，赤足立于莲台之上，右手持瓶抬于腹前，左手掌心向下悬于其上。袈裟的描绘较为细致，外面是较宽的黑色田相格，其间有水波纹细线条，错落地施以朱红、石青和石绿。从翻出搭于左肩和下摆的部分，可以看到袈裟朱砂色的内里，袈裟柔软的质地和垂感表现得十分精彩。画作整体线描流畅舒展，设色浓淡相宜，具有较高的艺术价值。

No.073 地藏菩萨像

　　画面呈长条形，五彩华丽的华盖下，比丘形象的地藏菩萨结跏趺坐于莲花之上，身后有圆形的头光和身光。他面庞圆润，浓眉长目，眉间有红点，朱唇上下还绘出了胡须。地藏身着红色袈裟，金色勾勒出田相，衣纹流畅。他的两侧伸展出六道祥云，旁边还有榜题。他左侧的祥云由上至下分别是：云上立菩萨，榜题"成佛道"；云上一匹马，榜题"畜生道"；云上一夜叉，榜题"地狱道"。他右侧的祥云从上至下分别为：云上立四臂阿修罗，榜题残缺，应为"阿修罗道"；云上立一戴幞头着袍服的男人，榜题"人道"；云上立一头发蓬乱、赤裸上身的小鬼，榜题不存，应为"饿鬼道"。莲花座下有一排彩砖似的图案将画面自然分割，下方竖向分为三块，推测应是预留写发愿文和绘制供养人的位置，但还没有画上去。

No.074 地藏菩萨像

　　地藏菩萨被覆头巾，被称为被帽地藏菩萨像。此幅绢画中的被帽地藏菩萨右手执锡杖，左手持宝珠，结跏趺坐于莲花之上，威严持重。他身后的圆形头光、背光都笼罩在一个巨大的圆形光轮之内。头光和背光的图案繁复华美。画面上部的四角装饰以花枝，自然地与下部分隔开来。画面下部有些残损，左侧存一身双手合十的童子像，前有榜题框，虽不存文字，推测应为供养人。他头梳双髻，身着圆领袍服，衣服上还有圆形的图案，十分华丽。此铺坐像绘制精美，保存较完整，是同类作品中的上乘之作，具有很高的艺术价值。

No.075 地藏十王图

　　地藏菩萨与冥府十王的组合源于唐末的伪经《十王经》，但地藏和冥府在此前早已相互联系。地藏十王图从唐末起开始迅速流行。

　　画面中央为被帽地藏菩萨，他头顶有华盖，身后有火焰背光，手持锡杖和宝珠。特别的是，此处主尊不是坐于莲花上，而是半跏趺坐于岩座之上。前方有狮子、崔判官和道明和尚，旁有牛头狱卒以绳索牵着赤身裸体戴着枷锁的亡者，净颇梨之镜中正显现出亡者生前的恶业。地藏左右两侧置十王，每位王前都有桌案和侍从，正在审讯亡者。虽然十王旁边的榜题大都无法识读，但仍可辨出画面右侧上方第一身为秦广王，左侧最上方为最后的五道转轮王。画面下方以红线分割，中央榜题框中文字已不见，两侧相对跪着由比丘和比丘尼引导的世俗男女供养人。从画面风格和供养人服饰来看，此图应为五代末宋代初绘制。

No.076 地藏菩萨及六道图

　　画面上部中间为被帽地藏菩萨，右手执锡杖，左手持宝珠，半跏趺坐于莲花上，左足踏下，前方的岩台上置花盘。左右二胡跪菩萨双手合十，榜题均为"普门菩萨"。地藏身后绘六道光焰，左右各三。主尊右侧从上至下为天上、畜生、地狱各道；左侧为人间、阿修罗、饿鬼各道。

　　画面下部为世俗男女供养人，跪于发愿文两侧。发愿文如下：

　　其斯绘者，厥有清信弟子康清奴身居火

　　宅，恐堕于五趣之中；祸福无常，心愿于解脱

　　之外。今者更染患疾，未得瘥平，愿微病

　　速退于身躯，烦恼永离于原体。功德乃金

　　锡振动，地狱生莲，珠耀迷途，还同净土。更愿

　　亲姻眷属并休康宁，昆季枝罗同沾福分。

　　建隆四年癸亥岁五月廿二日题记

　　可知此画的制作时间为（北宋）建隆四年癸亥岁（963）五月廿二日，供养者是康清奴，祈祷天道以外五道的救赎，祈愿疾患速退。男供养人均头戴展脚幞头，身着袍服，第一身持长柄香炉，榜题内文字残损；第二身双手合十，榜题"男幸通一心供养"。女供养人均着大袖襦裙，头饰华丽，第一身双手托盘，榜题"故母阴氏一心供养"；第二身双手合十，榜题"女十娘子一心供养 出适阴氏"。

No.077 地藏十王图

　　画面中央的被帽地藏菩萨半跏趺坐于莲花之上，右手持锡杖，左右立二合掌童子，大概是《十王经》中记载的专司记录善恶的善童子和恶童子。巨大的圆形背光旁射出六条光焰，但上面没有"六道"的图像。光焰下方有三身头戴幞头、身着袍服的人物，一位持笔，一位持笏，一位抱纸卷，可能为判官。地藏下方中央，绘有合掌的崔判官和道明和尚，其间还有蹲踞的金毛狮子。画面前部呈八字形排列着十王，他们均戴冠持笏，跪坐成行。其中的五道转轮王并没有穿甲胄。画面各个部分都留有长方形的榜题框，可惜其中文字已不存。此图十王的配置法以主尊地藏菩萨为中心，八字形的排列大大扩展了画面的纵深感。同样是表现地藏菩萨，此画与其他作品不同，以藏蓝色为地，画面多用红色、黄色，特别是地藏面部的贴金，和身上多处留有的金箔剥落痕迹，与深蓝的底色形成鲜明的对比。

No.078 十王图画卷

　　冥府的十王，最初是作为伴随地藏的像来表现的，后来就单独地被作为主体来表现了。

　　此图似未完成，中央部分缺失。现存部分绘十王中的第一殿秦广王至第五殿阎罗王，卷末绘地狱图及地藏菩萨出现。第六殿变成王以后的五个王和地狱图的右半部分沿图卷的接缝处缺失。图中没有任何文字，也许当初绘制时便仅有卷头的题记和题尾，可能未完成。

　　卷中所绘十王均端坐在桌旁，旁有童子侍立，另有手持刑具的典狱或狱卒。十王面前是赤裸身体带着木枷的罪人，及手捧佛像或经卷的善人，手捧佛像或经卷表示皈依佛门之意。第五殿阎罗王图左侧在六条云上绘出六道，自上而下为阿修罗道、天道、人道、畜生道、饿鬼道、地狱道。卷末所绘地狱图右半已失，围墙内床榻上躺着亡者，两侧门柱上有火焰，各蹲坐着一只狗。围墙外的五个亡者被牛头马面驱赶着走向地藏菩萨，表示即使是地狱的亡者，也可以遇到慈悲的地藏菩萨，免除一切苦难。

No.079 地藏十王图

　　此《地藏十王图》绘于纸本墨书《十王经》卷残片的衬页，淡彩，五代绘制。画面中央为被帽地藏菩萨，左手托宝珠，右手持锡杖；十王戴冠执笏，左右纵向各列五身（左残）。

　　画面右部有六臂菩萨像一身，右下方残损。旁边是两身男供养人面向地藏菩萨而立，头戴展脚幞头，身着圆领袍服，双手于胸前作揖。此部分似与《地藏十王图》不属同一幅画。

肆　天王 力士 高僧

No.080 天王像

　　天王头上束髻戴冠，身着皮革与织物结合的铠甲，华丽而轻盈，仿佛正踏云而来。人物面部仅用墨线勾出眉眼、鼻子和胡须，用粉色晕染肌肤。在线条和色彩的配合下，服饰不同部位的质感、肌理和图案被刻画得十分细致，可以明显分辨出由硬质皮革制成的衣领、肩甲和护胫，由柔软织物制成的衣袖和裤子，上面还有精美的刺绣图案。此像的外观不似大多数天王那样具有神魔的特点，更像是一身普通人物，唯有其背后的头光和足下的祥云显示着他神圣的地位。从尊像形象和绘画风格来看，推测作品的年代可能为盛唐时期。画面最下边有类似涂鸦的三个草图。

No.081 持国天王像

　　长条形画作的顶部稍有残缺，隐约可辨天王头光上部还有祥云。天王手持箭矢，应为东方持国天王，能护持国土。天王头戴兜鍪，身着铠甲，立于邪鬼之上。他双眉紧锁，正目视远方，嘴唇和胡须都透着威严。天王足下的邪鬼髭发獠牙，血红的双眼瞪得滚圆。他双膝跪地，右手托举着天王一足，左手正紧握着一只张着大嘴的红色大蟒，用短促墨线描绘的肌肉显得十分紧张，仿佛邪鬼一面要撑起天王的双足，一面又要扼住大蟒，正在拼命用力。画作上的颜料虽有部分已经脱落了，但由于墨线勾勒得十分精彩，虽只有局部红、黑、白三色的点染，但画作整体依然不失饱满的张力。

No.082 多闻天王像

　　天王像顶部残损，黄色榜题框中文字也不存，但从其右手托宝塔，可知为北方多闻天王，即毗沙门天王。天王头戴宝冠，锦袍外罩铠甲，身上还缠绕多重飘带，飞舞飘扬。天王面容的刻画十分精彩，墨线加上浅淡的红色晕染，眉眼间露出不可抗拒的威严，胡须和头发栩栩如生。天王脚下踏着一黄发地鬼，赤身裸体，匍匐在地，仿佛正在奋力反抗天王的踩踏。此天王不似其他天王那样双足蹬靴，而是穿着类似凉鞋的鞋子，露着脚趾，十分特别。画面最下端有菱形图案。画作整体使用的色彩虽然不多，但深浅晕染过度丰富自然，有很强的艺术感染力。

No.083 天王像（断片）

　　此绘画虽残损严重，但从仅存的部分来看，仍不失为一幅极为珍贵的作品。从此像坚毅的下巴和胡须、精美绝伦的铠甲和持箭矢的手判断，他可能是东方持国天王。与藏经洞发现的那些类似画稿的小型幡画相比，此画尺寸很大，不论是线描还是色彩都体现出画家精湛老道的技艺。画面的细节处理非常耐人品味，服饰不同材质和图案的特点都刻画得十分细致。描绘面部轮廓的墨线较粗，给人以生硬而粗糙的感觉；而鬓角和唇周的胡须用细若游丝的墨线描绘得根根分明。天王的手部和小臂，仅以墨线勾勒轮廓后再局部用浅红色晕染，已将威猛有力的感觉表达得栩栩如生。天王的铠甲在形制上虽与其他作品类似，但表现得极为华丽，每段铠甲的鳞片都施以不同的色彩，铠甲上多彩的图案仿佛是刺绣上去的一般，革带上还镶嵌着不同颜色的宝石。

No.084 广目天王像

　　此天王手持宝剑，为西方广目天王，以能净眼观察守护人民，守护西牛货洲。天王的蓝色头发上戴着宝冠，中央为扇形，镶有宝石，两侧是萨珊风格的羽翼状装饰，后面有白色饰带飞扬。天王铠甲上饰以繁复精美的花纹，既表现出不同部位材质的区别，又彰显天王身份的高贵。此画作相较于其他藏经洞发现的天王像，用色丰富，繁而不乱，水平极高。浅绿色的头光后腾起紫色的祥云，红、绿、蓝、黑、白色和谐地构成了铠甲的图案，以红色晕染的天王的肌肤给人以昂扬的力量感，用青色晕染的地鬼的身体则让人联想到阴冷和邪恶。

No.085 持国天王像

　　天王左手执弓，右手持箭，应为东方持国天王。他头戴兜鍪，身着铠甲，泰然自若地踏在地鬼之上。天王的铠甲很有特色，与瓜州榆林窟唐代第25窟前室的南方天王十分相似。兜鍪是用质地坚硬的皮革制成帽檐，下部可以朝外翻上去，可以更好地保护头部。身甲为金色，领部和衣缘包着红边，腹部的兽头和围腰的虎皮格外引人注目。天王脚下的恶鬼头发卷曲，睁一眼闭一眼，獠牙从嘴角伸出，双手上举，墨线勾勒出健壮的肌肉，挣扎着用双臂托住持国天王的双脚。画面通过姿态与神态的对比，给人以护法神威严神圣之感。色彩处理上，恰到好处地运用了白粉，构图饱满而不繁琐，宛如一幅民间门神绘画。

　　从画作的尺寸、所用绢的经纬线，以及画作下部的一些细节，斯坦因认为此画和后面图版87的广目天王原本为一对佛幡。

No.086 广目天王像

　　虽然此幅画作边缘有些残损，但画技高超，不失为一幅描绘细腻的佳作。天王束发于顶，头戴宝冠，浅绿色的圆形头光衬得冠侧向后飘飞的白色饰带格外醒目。他怒目圆睁，白色的眼球用红色晕染边缘，再用墨线勾边，仿佛要夺眶而出。他鼻翼偾张，嘴唇紧闭，占据了半张脸的胡须用墨线和朱线交替刻画，根根分明、流畅有力，十分引人注目。他的铠甲并非只有坚硬的金属或皮革，还有不少柔软衣料的部分，如绕于双肘的飘带、腰裙以及红色的裤子，还有膝下用绳带系住的白色护胫，均用流畅的线条和波浪形的边缘呈现出丝绸般的柔软质感。顺着天王有力双手所持的镶嵌着宝石的兵器向下看，可以注意到画面最下方有少许稀疏的红色毛发向上展开，应该是天王脚下蜷缩着的邪鬼的头发。画作线描功力深厚，流畅而富有张力，色彩饱满，将威猛的天王形象刻画得栩栩如生。

No.087 广目天王像

　　此天王头戴宝冠，身披金甲，左手扶右腕，双足踏于地鬼之上。其头光为圆形浅绿色晕染，外围红色火焰。天王双目圆睁，眺望远方，咬着下唇露出牙齿，唇上还有两撇八字胡。他的铠甲被描绘得十分精彩，不同部位铠甲鳞片都表现出不同的形状，甲片边缘均用金线勾勒，最外缘还缀有帛边。两肘和两膝处，仿佛被风吹起张开的锦袍边缘带给画面动感。他英武的身姿和华丽的装束颇具王者风范。天王脚下的邪鬼，并非长发蓬乱的魔鬼形象，除了从嘴边向上伸出的獠牙显示出其邪鬼的身份外，而更似人形。长短顿促相间的线条勾勒出他健壮的肌肉，仿佛他正在奋力反抗天王的踩踏。画面构图简洁严谨，线条成熟流畅，并注意了色彩的对比变化，色彩显得富丽明快。

No.088 行道天王图

此图描绘了北方多闻天王即毗沙门天王及其眷属等乘云渡海的场景。众天人乘着赤紫色祥云，正在横渡波浪起伏的海面，远处与海水相连的地平线处有青绿色连绵起伏的山脉。高大的毗沙门天像有侍从们的两倍高，他头戴高冠，身披金甲，右手持戟，从左手腾起的赤紫色云上载着宝塔，宝塔中有坐佛。这些所持物品暗示着佛法守护神毗沙门天的作用。他面容威严，正怒扬双眉望向前方，由两肩升起的鲜艳火焰，被风吹得斜向后飘。毗沙门天的前面，是举止优雅，向同一方行进却回头看他的妹妹功德天，手捧盛满花的金色盘。天王身后的白发老者是婆薮仙，正手持金杯回首顾盼。松本荣一认为，天王后面着绿衣者为其子，正双手捧着宝珠；左下角头戴金冠，身着红袍，双手合十的少年，亦为天王之子。他的斜后方，一身头戴白帽的人物，正抬头欲拉弓射箭，顺着其目光，仿佛他将要射的是画面右上角正在慌忙飞过的金翅鸟（迦楼罗）。松本博士指出，此处的迦楼罗可能象征着毗沙门天的力量可赶走的恶势力。此画的其他诸像，应是天王侍从五夜叉中的四像。

这幅作品人物造型丰满，体现着唐代世俗审美的影响，尤其是画中吉祥天女的形象，富有唐代仕女丰腴圆润的特点。作品虽为重彩，但更讲究线条的力度和质量，色不压线，反映出唐代人物画的高度成熟。人物组合主次分明，错落有致。天王为主要人物，在画面中起到了统领作用，其双肩所发火焰活跃了画面动势，所有人物顺其动势与祥云构成统一体，使画面充满动感和气势，既热烈又奔放。

No.089 行道天王图

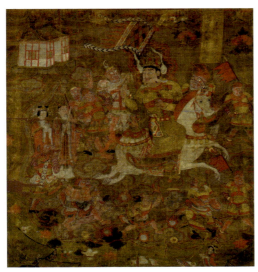

画面右上侧榜题中书："水路（陆）天王行道时，施主徐汉荣一心供养。"由此可知，这幅是名叫徐汉荣的施主供奉的绘画，画面表现的是水陆天王，即行道天王——毗沙门天王。此画人物造型生动饱满，线描准确细致，虽然使用的颜色比较有限，主要以红、金、白色贯穿全图，仅在各别细部点缀了少许青色，但依然将形象和性格迥异的一众人等表现得活灵活现。

画面上部边缘隐约可见连绵起伏的山峦和红色的云彩，可能表现的是毗沙门天守护的须弥山之北方。左上方的房屋，代表此处的"三大城郭"之一。画面的主体是一组乘于云上的人物，最大的一身是骑在白马

上的毗沙门天王。他头戴金冠，身披金甲，两肩生出火焰。白马向前，他却左手拉紧马缰，回身向后，张口仿佛正在向随从说着什么。他周围围绕着其五个儿子（均穿着与其类似的铠甲）和一众夜叉。儿子们各持象征毗沙门天王的塔、幡、弓箭等。毗沙门天王马后立着两位世俗装扮人物，前面的男性头戴高冠，手持笏板；旁边的女性头饰金钗，面贴花钿，双手合十。画面前景中的夜叉们面容可怖，半裸上身，围裙赤足，正在手舞足蹈地采集珊瑚、金币、宝瓶、火焰宝珠等。画面最下方表现水池，右边有一身着红衣手捧花盘的女子，正抬头仰望毗沙门天。池中还有正在游戏的三个童子和一对水鸟，盛开的红莲和莲叶点缀其中。

藏经洞中发现的天王画像多是绘于幢幡上，由于幡的主体是一条狭长的绢带，画面所限，呈现的画像基本上多是单独的立像。本书收录的两幅绢画《行道天王图》，是难得一睹的群像，虽然画幅不大，但绘画艺术水平很高，保存状态良好。画面整体场面壮阔、气势恢宏，是不可多得的古代绘画珍品。

No.090 乌枢沙摩明王

乌枢沙摩明王为密教与禅宗寺院中所安置的忿怒尊之一，由于可烧尽世间污物，又称秽迹金刚、受触金刚、火头金刚、不净金刚等。在敦煌绘画中可见到几例，多出现在围绕着千手千眼观音周围的群像中，是以火头金刚的形象，置于青面金刚相对的位置上。被单独描绘的情形，仅有本图一例。此像为三面、三目、四臂，背负火焰，左上手持三股杵，左下手执罥索，右上手举轮，右下手举至胸前。赤足踩在二莲花上，莲花下有一猪头天（毗那夜迦）。此像为三面，且头冠中有化佛，非常少见。他项上佩戴着粗大的印度式璎珞，显示出一种异域情趣。

在法藏敦煌绢画中，有一幅尺寸相当且画在同样纸张上的马头明王（MG.17678），应与此画为一对。两者不仅在绘画的色彩和风格上一致，尊像面容和很多细节刻画也非常相似。松本荣一认为这两幅画出自同一作者之手，最初应该是相对而置的一对画。

No.091 那罗延天

画中一戴冠天人左手抱一童子，右手持骷髅杖，乘于金翅鸟（迦楼罗）上，身后长方形榜题框中字迹已不可辨。根据其形象，推测应为那罗延天像。那罗延天为密教十二天之一，以天女形象出现。在不同的佛经中记载的那罗延天形象不同，有二臂、四臂、六臂、八臂等种种形式，但都坐于金翅鸟上。

此画用流畅的墨线勾勒出人物和鸟的外轮廓和细部，然后填以深浅不一的红色和赭色。在人物的面部、手足和鸟的身体、脚部的表现上，

都明显用晕染法体现凹凸和明暗关系。唐代遗存画作中鸟的形象不多，可以通过此画来窥探晚唐画鸟的具体面貌，并可与其他如中原唐墓中的花鸟画及新疆阿斯塔那唐墓的花鸟画进行比较。

No.092　摩醯首罗天

头戴宝冠，上身赤裸的天人，立于青牛之上。他一面六臂，上二臂左手托日，右手托轮；中二臂左手执净瓶，右手于胸前作印相；下二臂左手持索，右手持物不明。关于此图像的定名，学术界尚存争议。松本荣一《敦煌画研究》定名为摩醯首罗天，《西域美术——大英博物馆藏斯坦因收集品》定名为焰摩天，吕德廷认为是观世音三十三现身之一的大自在天身。张元林认为图像特征与沮渠京声译《治禅病秘要法》（卷下）"复当想一摩醯首罗。乘当金色牛。持宝瓶水。至行者前"之说符合，故从松本荣一定名。摩醯首罗，梵名 Maheśvara，又译摩醯湿伐罗等，原系印度教中的宇宙创造与毁灭之神湿婆，后被佛教吸收，成为佛教的护法神之一。

此画用墨线勾勒人物和牛的轮廓，线条笔法松弛流畅，仅在天衣、飘带、青牛等局部施以淡彩，人物身体的转折部位有淡淡的红色晕染，来表现肌肉的凹凸体量感。画面整体虽缺乏精致严谨，但构图完整、明了和谐。

No.093　金刚力士像

这身金刚力士站立于莲花之上，右手握拳，高举过头顶，左手下压，执金刚杵，两臂和胸腹部肌肉隆起，夸张而又显得合理，挥动的手臂及飞动的战裙上下呼应，突出地表现了一个"动"字。两臂和双腿的塑造有很强的力度感。力士头戴花冠，上身赤裸，下身着裙，肌肉发达，孔武有力，双眉上挑，怒目圆睁，张口大喝，胡须根根分明，似有雷霆万钧之势。在大英博物馆和大英图书馆分藏的有咸通九年（868）纪年的《金刚经》封面上的木版画中，也可见相同姿态的像。

长广敏雄先生注意到洛阳千祥庵公元 700 年的一幅金刚力士（拓片）中出现与此图相同的姿势，肌肉弯曲、脚跟稳健、脚趾夹紧。在这幅画和类似的画作中，使用了宽度变化很大的短的、不连续的线条，达到了夸张的效果。毋庸置疑，这种金刚怒目的姿态很受欢迎。本幡原有的四条灰色丝缎幡脚与主幡分开保管，如果加上它们，该幡的长度会在 2 米以上。

No.094　金刚力士像

此金刚力士像头戴宝冠，上身赤裸仅戴璎珞和腕钏，腰围短裙，赤足踏于二莲花上。他的发型、衣饰和姿势均与其他同类像无异，但其对于肌肉的表达却给人以强烈的视觉冲击力。在墨线勾勒的面部和躯体上，用浓艳的玫红色晕染出网状的肌肉轮廓，让人不禁联想到人体的肌肉组织图。类似对肌肉的表现手法在敦煌石窟唐代壁画中也可以见到，如莫高窟中唐第 158 窟（8 世纪末～9 世纪初）涅槃变中对弟子面部和身体的表现，就是类似的晕染法，只是由于颜料变色，晕染处已成黑褐色，与此画形成了不同的视觉效果。另外，英藏敦煌绢画《炽盛光佛及五星图》中右下角人物的肌肉晕染表现也与此画相近，该画有乾宁四年（897）的题记，故推测此画作的绘制年代也约在晚唐时期。

No.095　金刚力士像

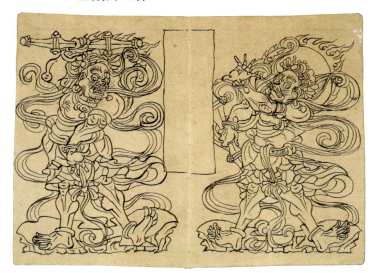

这两身金刚力士完全由墨线勾勒，也许为画稿一类的作品。两身金刚力士均为头上戴冠，上身赤裸，腰围短裙，赤足立于岩台之上。头后有火焰围绕的头光，身周飞扬着卷曲的飘带。他们的面部均怒目圆睁，鼻翼偾张，络腮胡须，浑身肌肉结实有力。唯一的区别是，左边一身嘴巴张开，而右边一身嘴巴紧闭。左边一身力士右手持武器高举，左手五指张开伸于身前，右足踏地，左足足跟点地，脚尖翘起，整个身体张力十足。右边一身力士右手持武器杵地，左手五指张开伸向前方，双足呈八字形撇开，整个身体颇具动感。画面线条虽然不是十分流畅，但并不影响整幅作品生动的视觉效果。

No.096 迦理迦尊者像

　　此画画像表现一位身着袈裟的僧人，左手结印，右手持钵，盘坐在方垫之上，身旁立着一支禅杖，杖上挂一拈包。他头顶的华盖和背后的头光表征着他不俗的身份。根据画面下方的藏文题记，可知此作由来自西藏的画工 Do-k'on-legs 所绘（也许此签名不是画工，仅为一位巡礼者），画中人物为第四尊者迦理迦。迦理迦在《法住记》中为第七尊者，此处被列为第四尊者，应该是根据西藏式十六罗汉顺序的缘故。

　　迦理迦尊者，是释迦牟尼佛的弟子，与自眷属千阿罗汉分住在僧迦茶洲，受佛敕，不入涅槃，常住世间，受世人的供养而为众生作福田。他本是一位驯象师，出家修行而成正果，故名骑象罗汉。象的梵文名迦理，迦理迦即骑象人之意。

　　画中人物以墨线勾勒，仅在华盖、头光、袈裟、方垫等局部施以红、黄淡彩，笔法流畅、线条凝练。

No.097 行脚僧像

　　画面表现一位头戴笠帽、足蹬芒鞋的行脚僧，身背装经卷的书箱，手持麈尾，正在迈步前行。他身前上有云中小佛像护佑，身旁伴着猛虎。类似构图内容的作品在藏经洞中发现了多件，这些作品的主体均为背着书箱的行脚僧，且身旁都有一虎伴行。现藏法国吉美博物馆的一幅，画中榜题标为"宝胜如来一躯"。松本荣一认为此图为达磨多罗像，秋山光和教授认为这个背负经卷的行脚僧就是宝胜如来，戴密微教授认为图中驾云而来的小佛是宝胜如来。无论此像是何身份，不可否认的是，这个背负经卷的行脚僧形象，对后来的玄奘三藏像，以及中原和吐蕃地区在十六罗汉之上增加的带着老虎的达磨多罗像，都产生了不可忽视的影响。此画作造型不够好，线条较为随意，绘画水平不高，有可能是作为练习的画稿。

No.098 高僧像

　　这幅由墨线勾勒的《高僧像》，在敦煌藏经洞发现的绘画中是一件很特殊的作品。敦煌画中很少出现这样类似真人肖像的作品。画面中的僧人眉清目秀，双目炯炯，表情沉静安详。他身着袈裟，结禅定印坐于方垫之上，前方置履，旁立水瓶，身后的枯树枝上挂着念珠和拈包。寥寥数笔，一位心神恬淡而意志坚定，远离尘寰、入定山野的高僧形象跃然纸上。画面线条流畅有力，潇洒自在，袈裟衣纹的柔软和身后枯树的苍劲都通过线条的变化表现得淋漓尽致。

　　此幅《高僧像》发现于莫高窟第 17 窟，为纪念晚唐高僧洪辩的"影窟"。画的内容与藏经洞中洪辩塑像和背后挂有水瓶及包的树十分类似。当然此画描绘的恐怕不是洪辩高僧，但这种形式的高僧像收入僧人的影窟却很相宜。从绘画的线条特点和描绘手法来判断，可能绘制于 9 世纪末期至 10 世纪初之间。

伍　曼荼罗及其他

No.099 曼荼罗

　　这是一幅纸本白描的《曼荼罗》，大约为五代制作。画面整体已呈现出中原化风格，与其他敦煌出土的各类曼荼罗相比，具有不同的特色。

　　曼荼罗（Mandala）是梵文音译，意译为坛城或坛场，指佛教密宗举行灌顶仪式或密宗修炼者的场所。此曼荼罗由三重组成，四方开有凸字形的四门。内院中央置千辐宝轮，四方配宝珠且由文字标记方位。第二重四隅置有四尊像，其中三像从其题记和形象来看，可知为梵天、帝释天、大黑天。第四尊仅记为"神"，不知为何尊。第二重的外围满绘交叉斜线形成菱形方格，其西北隅记"金绳解道"，此"解道"应为"界道"。界道特绘为五重，令人联想到金刚界和胎藏界曼荼罗中所见的"五色界道"。界道向外第三重为外院。外院一边各六，共计有二十四个区块，各尊像、手印、足印、各类标识等置于其中。当中位置有安排错误的情况，旁边有题记订正，有的甚至完全涂毁，标上"不用"二字。四方四门为凸字形，但门上架着穹窿，极为少见。外院四隅应置四天王之处，以文字标示其尊位，并未画出尊像。最外侧四隅由须弥山支撑，意在表现此坛是立体的。南、西、东三方的外缘断续绘有装饰性璎珞，但均上书"不用"而被涂毁。

纸面留下的多重折痕表明此图为携带护身之用，并曾经多次被携带使用。

No. 100 四印曼荼罗

这是一幅纸本白描的曼荼罗，大约为五代制作，目前保存完好，诸尊形态清晰。此铺曼荼罗由内、中、外三重构成，四方开凸字形四门，其中第二重的诸尊皆被省略，其余部分亦有省略之处，推测可能为画稿。

画面中的正方形为曼荼罗的内院，中央圆圈绘戴冠的主尊大日如来，结跏趺坐于莲花座上结法定印。外面一圈为八芒星形，上下左右置四亲近菩萨，各持金刚杵、宝珠、莲花、羯磨杵。其间置香、花、灯、涂外四供菩萨。内院四角置嬉、鬘、歌、舞内四供养菩萨（缺右下角的嬉尊）。

内院外圈环绕的正方形中位空白。最外面的正方形为外院。其四隅有四天王所护持：左下隅持琵琶的为东方持国天、右上隅执罥索的为西方广目天、左上隅执宝剑的为南方增长天、右下隅的为北方多闻天。外院的四方，凸字形四门内置持钩、索、锁、铃的四摄忿怒尊。四摄忿怒尊和四天王的中间有宝伞、白盖、宝瓶、莲花、金鱼、法螺、法轮、盘长八吉祥。

No. 101 大随求陀罗尼轮曼荼罗

此为纸本版画《大随求陀罗尼轮曼荼罗》，有"太平兴国五年（980）六月二十五日"纪年铭文。版画的艺术水平略有不足，但其构图形式比较少见，且有明确纪年和雕版者名字，仍十分珍贵。

图中陀罗尼轮中央为随求菩萨，其绘有十臂这点极为少见，流行于唐宋的多为八臂像。此身随求菩萨除于胸前合掌二手外，八手的持物与《别尊杂记》卷三十中载随求菩萨的八印完全一致，左手为杵、斧、索、剑，右手为宝、轮、戟、夹，可谓是其一种变形。本尊周围书写梵字随求陀罗尼共十九圈，陀罗尼轮外围由幡、戟、剑、莲花等形成带状，附

于其周围，宝池中涌出许多大莲花并列承托这一陀罗尼轮，而莲花由池中二龙王力撑。

此件曼荼罗中，围绕陀罗尼轮的长方形部分为内院，其四隅置嬉、鬘、歌、舞内四供养菩萨种子。内院周围环绕五股界道，且置有八座种子和八尊像，以此形成外院。外院四隅置香、花、灯、涂外四供养菩萨种子，四方则为金、宝、法、业四波罗蜜种子。外院八尊像中，右侧下的一尊持宝塔和宝棒，应为毗沙门天像。其余三尊和与他们相对的四女子形象难断其尊号。

值得注意的是，陀罗尼左右上方有"施主李知顺""王文沼雕板"的文字，记录雕版者名字是极为罕见的。此铺版画上有折痕，推测为随身携带以作护身之用，平时装入护袋，如经中所说，负于颈上。

No. 102 马驼图

这幅纸本墨画的马和骆驼图，前面是一匹搭着鞍鞯的骏马，后面是一峰骆驼，各有一持鞭驭者在前牵引。每个动物占一张纸，然后黏合在一起，骆驼后面还可见第三位驭者鞭子的一小部分，推测此画可能为拼接的长卷，类似北宋李公麟《五马图》的形式，那也许是表现送去朝贡的动物的画稿。此画虽仅在很少的细部施以红色点缀，但线条勾勒豪放生动，人物和动物的形象塑造传神。

此画中倒书《大宋乾德四年（966）归义军节度使曹元忠夫妇修莫高窟北大像功德记》，还有关于敦煌五代十国时期第四任归义军节度使曹元忠（在位年代944～974）修缮寺院的记录，是关于莫高窟营建的重要资料。这些文字墨迹相较绘画更淡，且大小不一、有正有倒，画面的后半段上几乎没有文字。推测是先写了文字，然后此纸张被重复利用绘上了马和骆驼图。故，绘画时代应晚于公元966年。

No. 103 狮子图

中国本无狮子，狮子原产于非洲和南美洲，约在汉武帝时才经西域传入。古印度人崇拜狮子。狮子在佛教中的地位很高，如将佛饱满的面颊喻为"师（狮）子颊"，佛所坐的宝座称为"师子座"，主智慧的文殊菩萨，坐骑也是狮子。至今，在民间依然流行着舞龙舞狮的节目，在古建筑和佛教寺院里随处都能见到狮子的形象。可见狮子对中国的影响。

这幅纸本狮子线描，是敦煌藏经洞发现的动物画中，给人印象最深刻的作品之一。仅用墨线勾勒的雄狮正怒目圆睁、张口怒吼，造型雄健有力，气度非凡。用线简练却很有节奏，如狮子头上的鬃毛，多由两根或更多的半圆形弧线组成，其他部位的线条也粗细、长短结合，笔法娴熟大胆。

图书在版编目（ＣＩＰ）数据

藏经洞敦煌艺术精品：大英博物馆／赵声良主编；
敦煌研究院编. -- 杭州：浙江古籍出版社，2024.5（2025.3重印）
　ISBN 978-7-5540-2867-4

Ⅰ.①藏… Ⅱ.①赵… ②敦… Ⅲ.①敦煌学－艺术
—画册 Ⅳ.①K870.6-64

中国国家版本馆CIP数据核字(2024)第055472号

藏经洞敦煌艺术精品（大英博物馆）

赵声良　主编　　敦煌研究院　编

出版发行	浙江古籍出版社
	（杭州市环城北路177号 电话：0571-85068292）
网　　址	https://zjgj.zjcbcm.com
策　　划	王旭斌
艺术顾问	王雄伟
责任编辑	姚　露
封面设计	吴思璐
责任校对	吴颖胤
责任印务	楼浩凯
设计制作	浙江新华图文制作有限公司
印　　刷	浙江海虹彩色印务有限公司
开　　本	889mm×1194mm 1/8
印　　张	44
字　　数	380千字
版　　次	2024年5月第1版
印　　次	2025年3月第3次印刷
书　　号	ISBN 978-7-5540-2867-4
定　　价	980.00元

如发现印装质量问题，影响阅读，请与本社市场营销部联系调换。